Faruk

SONDEREDITION

Claudia J. Schulze / Anke Hartmann

Wir unterstützen das Kinderhospiz –Arbeit in
Deutschland, Österreich und der Schweiz

In großer Schrift!

Herstellung und Verlag: BoD - Books on Demand, Norderstedt

© Claudia J. Schulze, 2018/2019; Bilder: Anke Hartmann, Leipzig

Lektorat: Matthias Ziebarth, Frankfurt am Main und Phillo, Leipzig

ISBN: 9783750425743

Diese Geschichten sind als Sonderedition aus den Bänden „Brunos Reise" und „Die Kuh auf dem Kilimandscharo" zusammengestellt, und um weitere Geschichten bereichert worden. Sie eignen sich ganz besonders gut zum Vorlesen. Wie bei allen Vorlesegeschichten ist es angezeigt, die Geschichten zunächst selbst zu lesen um Rückschlüsse auf die mögliche Zielgruppe zu bilden. Als Titelbild steht der Wüstenfuchs mit seinen großen Ohren Pate weil wir denken, dass er ein gutes Symbol für das Zuhören ist. Natürlich kommt er auch in den Vorlesegeschichten vor.

Am Ende des Buches befindet sich ein Link zu einem Bonus-Hörbuch und mehreren anderen Geschichten. Viel Freude beim Lesen und Zuhören! Mein ganz besonderer Dank gilt der Bärbel Schulze Stiftung für therapeutisches Schreiben und Lesen.

Ohne sie wären das Buch und weitere Bücher in dieser Form nicht möglich gewesen.

INHALT

Schnuppe und das Einhorn

Es gab zwischen dem Schwarzwald und der Nordsee kein einziges Mädchen, das frecher war als Schnuppe. Ihren richtigen Namen hatten alle schon vergessen. Man nannte sie daher nur einfach: „Schnuppe". Schnuppe sah eigentlich ganz niedlich aus, doch sie hatte es faustdick hinter den Ohren. Sie spuckte nach anderen Kindern, und manchmal rempelte sie wildfremde Menschen, auch Erwachsene, auf der Straße an und schrie: *„Du stinkst!"* Schnuppes Mutter weinte oft, denn sie wusste sich keinen Rat mehr mit ihrer wilden Tochter. Besonders schlimm war es nach dem Umzug geworden. Schnuppes Vater war wieder nach Amerika gezogen, wo er noch eine Familie hatte. Irgendwie war Schnuppe davon überzeugt, dass das ihre Schuld war. Daran änderte noch nicht einmal Mamas neuer Freund Manfred etwas, der wirklich so richtig nett war. Sicherlich wäre Papa hier geblieben, wenn sie anders gewesen wäre. Und natürlich auch ihre Schwester Laura.
Obwohl, Laura war immerhin...netter als sie selbst.

Zumindest glaubte das Schnuppe. In Wahrheit war es so, dass nichts, was Schnuppe hätte tun können, ihn daran gehindert hätte zu gehen. Manchmal kann man einfach überhaupt nichts tun und muss zusehen wie solche Dinge passieren, auch wenn einen das traurig macht – oder wütend. Schnuppe war meistens nur wütend.

Bei der bekannten Kinderpsychologin, Frau Prof. Dr. Hühnerklein, hatte Schnuppe alle Hefte und Bücher zerfetzt, die im Wartezimmer lagen.

Sie hatte die schönen blauen Spielbälle zerbissen und sogar noch nach der alten Katze getreten, die sich vor Frau Dr. Hühnerkleins Fenster auf der Treppe gesonnt hatte.

Und obwohl Frau Dr. Hühnerklein sonst immer sehr geduldig und verständnisvoll mit Kindern war, hatte sie Schnuppe daraufhin kurzerhand am Kragen gepackt und an die Luft gesetzt.

Kurzum: Schnuppe kam einfach mit niemandem zurecht, und keiner konnte Schnuppe leiden.

Meistens kümmerte das Schnuppe nicht.

Sie spuckte einfach aus, wenn sie jemanden sah oder rollte gefährlich mit den Augen.

Doch manchmal war Schnuppe auch traurig. In diesen Augenblicken wünschte sie sich, dass sie wenigstens einen einzigen Freund auf der Welt hätte. Aber wie sollte das funktionieren?

Sie wusste ja selbst, dass sie schwierig war. Manchmal hatte sie gar keine Lust mehr unter Menschen zu gehen. Aber zuhause hätte sie sich entweder ständig mit Mama gestritten oder sich ganz schrecklich gelangweilt.

Daher streifte sie an den Tagen, an denen sie nicht einmal mehr richtig Lust darauf hatte Leute zu erschrecken, durch den Wald am Stadtrand. Das machte wenigstens Spaß.

Mit der Zeit wurde ihr Radius immer größer, und sie drang tiefer und tiefer in den Wald ein.

Manchmal, an den helleren Sommerabenden, kletterte Schnuppe sogar nachts heimlich aus dem Fenster um in den Wald zu gehen. Sie verbrachte dort häufig viele Stunden, manchmal sogar bis kurz vor Sonnenaufgang.

Schnuppe lebte allein mit ihrer Mutter am Stadtrand, so dass es kein Problem war abends schnell über das Feld bis hin zum Waldrand zu laufen ohne bemerkt zu werden.

Das Wichtigste war jedes Mal rechtzeitig und unbemerkt um halb sieben, kurz vor dem Frühstück zurückzukommen.

Normalerweise war es auch bei Dunkelheit kein Problem für sie wieder zurückzufinden. Sich draußen in der Natur zu orientieren gehörte zu ihren Stärken. Doch heute war es anders. Sie fand den Rückweg einfach nicht mehr. Vielmehr hatte sie das Gefühl sich immer weiter von zuhause zu entfernen. Sie bekam es etwas mit der Angst zu tun, doch dann stampfte sie auf und sagte laut: „Ist mir doch schnuppe!" So war sie damals auch zu ihrem Namen gekommen. Schnuppe lief also immer weiter und versuchte unerschrocken zu sein. Plötzlich sah sie etwas vor sich auf der Lichtung, das selbst ihr die Sprache verschlug. Es war ein Baumstamm, auf den jemand ein Einhorn geschnitzt hatte. Dieser Baumstamm war ihr noch nie zuvor aufgefallen. Entweder war sie noch nie hier gewesen, oder aber die Schnitzerei war neu.

Schnuppe ging näher heran, um zu sehen ob bereits Verwitterungen zu erkennen waren oder ob die Schnitzerei tatsächlich ganz frisch war.

Schließlich fuhr sie mit der Handfläche über das geschnitzte Einhorn und bemerkte, dass es völlig glatt, unversehrt und ganz neu zu sein schien.

Sie fühlte jede kleine Rille in dem gedrechselten Horn. Ganz vertieft befühlte und untersuchte sie dieses kleine Meisterwerk. Doch in diesem Augenblick hörte sie ein Geräusch. Sie zuckte zusammen, denn direkt hinter diesem Stamm war noch etwas. Schnuppe hielt fest den Atem an und staunte: Es war das Schönste, was sie überhaupt jemals gesehen hatte: ein strahlend weißes Pferd, nein, kein normales Pferd.

Es handelte sich, daran bestand überhaupt kein Zweifel, um ein echtes Einhorn. Sein helles Fell leuchtete so silbrig-weiß in der Dunkelheit als sei der Mond persönlich auf die Erde hinab gestiegen und habe sich in ein Einhorn verwandelt.

Schnuppe rieb sich ungläubig die Augen. Doch als sie genug gerieben hatte und erneut aufblickte stand es noch immer leuchtend da: das majestätischste, eleganteste Einhorn, das man sich überhaupt nur vorstellen konnte.

Vor lauter Aufregung hielt Schnuppe die Luft an, da sie es nicht wagte zu atmen.

Das Einhorn schien keine Notiz von Schnuppe zu nehmen und kaute an den Gräsern zu seinen Hufen.

Schnuppe konnte noch immer nicht glauben, was sie da sah.

Einhörner gibt es doch nur im Märchen dachte sie noch. Da hob das Einhorn den Kopf und sah zu ihr herüber. Schnuppe erschrak.

Das Einhorn sah ihr nun direkt in die Augen. „Guten Tag", sagte es dann mit einer ruhigen, freundlichen und sanften Stimme. „Mein Name ist Esmeralda", es neigte den Kopf ein wenig, „und wie heißt du?"

„Schn….uppe", stammelte Schnuppe recht verzweifelt und bohrte mit dem Finger verlegen auf ihrem Arm herum. „Das kann nicht sein", sagte das Einhorn mit strahlenden braunen Augen. „Ein so zauberhaftes Mädchen wie du hat doch sicher einen ganz wunderbaren Namen, so wie …" Esmeralda sah Schnuppe fragend an und legte den Kopf schief. „Mia", sagte Schnuppe leise. „Mein wirklicher Name ist

Mia." Sie senkte den Kopf. „Ich hatte ihn schon beinahe vergessen."

„So einen wunderschönen Namen kann man unmöglich vergessen", erwiderte das Einhorn mit seiner sanften Stimme. „Komm, Mia, steig auf meinen Rücken. Ich möchte dir etwas zeigen."

Esmeralda senkte ihren Kopf und machte sich etwas kleiner, so dass Schnuppe leichter auf ihren Rücken kommen konnte.

Ohne lange zu überlegen kletterte Schnuppe auf Esmeraldas Rücken. Zunächst trabte das Einhorn erst langsam, damit sich das Mädchen auf seinem Rücken nach und nach an es gewöhnen konnte. Doch dann ritten sie in geradezu atemberaubender Geschwindigkeit durch die Nacht. Dennoch war es bequem wie in einer Wiege.

Irgendwann schlief Schnuppe einfach so auf Esmeraldas Rücken ein. Sie hielt sich an der langen weißen Mähne fest und das helle Licht des Mondes schien auf beide herunter. Es war friedlich und schnell zugleich, wie sie da durch die Nacht ritten. Doch dann wurde Schnuppe vom einem ganz plötzlichen Ruckeln wach.

Esmeralda war zum Stehen gekommen.

Verwundert sah sich Schnuppe um. Es schien sich um ein kleines Dorf zu handeln, welches von merkwürdigen Wesen bewohnt wurde. „Das sind Trolle", sagte Esmeralda ruhig. Sie leben hier ganz versteckt vor Menschenaugen, doch dir möchte ich sie zeigen. „Warum gerade mir?" wollte Schnuppe wissen. „Du wirst schon sehen, Mia", sagte Esmeralda. Sie nannte sie absichtlich „Mia".

Irgendwie gefiel das Schnuppe ziemlich gut.

Fast könnte sie sich wieder an ihren wirklichen Namen gewöhnen. Sie verstand gar nicht mehr so richtig wie er ihr hatte abhanden kommen können. Doch die Trolle machten ihr Angst. Sie rollten mit den Augen, mit furchtbar großen, ziemlich glubschigen Augen. Sie spuckten und tobten und schrien sich an, sie lachten zu laut, und ihre Scherze erschienen sehr plump.

Sie warfen fluchend Ziegen und Mistgabeln durch die Luft und trieben dabei auch sonst noch so allerlei Schabernack.

Mia grub sich tiefer in Esmeraldas Mähne und beobachtete die wilden Trolle aus der Sicherheit heraus, die von Esmeraldas warmem Rücken ausging. Ihre Hände waren tief in Esmeraldas Mähne vergraben, was ihr einen guten Halt gab, was gut war. Sie mochte das ganze wilde Treiben nämlich nicht, und sie befürchtete, dass einer der Trolle auf sie aufmerksam werden könnte.

Daher machte sie sich auf Esmeraldas Rücken so klein wie es überhaupt nur ging.

Glücklicherweise waren die Trolle viel zu sehr mit sich selbst beschäftigt, als dass sie sich um ein kleines Mädchen gekümmert hätten. *„Hier möchte ich nicht bleiben, Esmeralda"*, wisperte sie leise.

Esmeralda nickte mit dem Kopf, blähte die Nüstern und galoppierte weiter.

Nach einiger Zeit gelangten sie an einen vollkommen anderen Ort. Von weitem schon sah sie wunderschöne Elfen. Alles an ihnen schien zu glitzern und zu leuchten.

Eine Elfe, die ein goldgelbes Kleid trug, redete in einer Sprache, die Mia noch nie gehört hatte.

Die anderen Elfen und Feen antworteten ihr ebenfalls in dieser Mia völlig unbekannten, hellen Elfen-Sprache.

Sie kicherten und tanzten um einen Baum herum. Jede von ihnen trug ein Kleid in einer anderen leuchtenden Farbe. Sie sahen aus wie winzige, schillernde, alberne Prinzessinnen auf einem Hofball. Dabei waren ihre Stimmen hell, ihre Bewegungen geziert.

Ein wenig erinnerten sie Mia auch an die kichernden Mädchen aus ihrer Klasse.

Aber nur ein wenig, denn keine von diesen Mädchen hätte jemals so perfekt sein können wie diese Waldbewohnerinnen.

Wenn sie nur wüsste in welcher Sprache sie sich da verständigten.

Esmeralda schien Mias Gedanken lesen zu können, denn sie sagte: *„Das ist die Sprache der Feen und Elfen, die in diesem Teil des Waldes gesprochen wird.“*

Mia staunte über die Schönheit und Anmut, die von diesen Elfen ausging. Wahrhaftig niemand könnte je so überirdisch schön und elegant sein wie diese traumhaften Geschöpfe.

Sogar ihr Gelächter klang wie das Abperlen eines Tautropfens von einer sich morgendlich öffnenden Blüte. Sie waren das komplette Gegenteil der stinkenden, grobschlächtigen und lauten Trolle.

Doch trotzdem wollte Schnuppe auch hier nicht länger bleiben. Sie hatte so ein ungutes und komisches Gefühl, kaum zu erklären.

Esmeralda, ohne dass Mia ihr das erklären musste, galoppierte weiter in die Nacht hinaus. Ihre Hufe glitten nur so über den Untergrund, schneller und schneller, dabei jedoch dennoch voller Sicherheit. Mia klammerte sich erneut an ihrer weichen, weißen Mähne fest.

Der Mond strahlte, und die Sterne funkelten hell, so dass die Bäume wie Schattenspiele aussahen.

Das gefiel Mia, doch trotzdem war sie sehr froh, dass Esmeralda den Weg zurück angetreten hatte. Es war wieder so bequem auf ihrem Rücken, dass Mia für eine Weile erneut einschlief. Zwischendurch jedoch wurde sie ab und zu wach und sah die Bäume nur so an sich vorbeirauschen.

Nach einiger Zeit, es wurde bereits ein wenig hell, erkannte Mia das Waldstück wieder, in dem sie Esmeralda zuerst gesehen hatte.

Richtig erleichtert war sie wieder in die Nähe ihres Zuhauses zu kommen. Ihre Lust auf Abenteuer war erst einmal gestillt.

„Wir sind wieder da, Mia", sagte Esmeralda ruhig. Ihre Stimme war ruhig und fest. Eine Stimme so überirdisch, dass man sie gar nicht richtig beschreiben kann.

Dann blieb sie stehen und drehte den Kopf zu Mia, die auf ihrem Rücken saß, um.

„Jetzt möchte ich dir drei Fragen stellen." Mia nickte und wartete gespannt auf Esmeraldas erste Frage.

„Meine erste Frage lautet: Was hast du gesehen, als du die Trolle gesehen hast?"

Mia antwortete leise: „Ich habe mich gesehen – aber schlimmer."

Esmeralda nickte. „Meine zweite Frage, Mia, lautet: Was hast du denn gesehen, als du die Feen gesehen hast?" „Etwas, das schöner und freundlicher ist als ich...und...ähm", Mia zögerte.

„Ja?", fragte Esmeralda"... „und etwas, das ich nicht sein möchte!"

„Ich weiß", lächelte Esmeralda. „Deswegen wurdest du ja auch Schnuppe genannt." Mia nickte.

„Ich wollte noch nie so ein braves, hübsches, kicherndes und langweiliges Mädchen sein."

„Findest du Feen denn langweilig?" wollte Esmeralda wissen. „Nein, gar nicht", erwiderte Mia. „Aber, na ja, du weißt schon...feenhafte Mädchen... ich möchte eben einfach ich selber sein."

Esmeralda schüttelte ihre Mähne: „Doch du möchtest auch kein Troll sein, oder?" Sie zog eine Fratze, die wohl einem Troll ähneln sollte.

Ein Eichhörnchen huschte vorbei. Mia war froh, dass es ihr ein wenig Bedenkzeit verschaffte, und so beobachtete sie es ein wenig und dachte nach.

Dann schüttelte sie den Kopf. „Nein, eigentlich möchte ich nur ich selber sein, verstehst du das?" Esmeralda nickte. „Ja, das tue ich." Deswegen habe ich dir beide gezeigt, Trolle und

Feen, weil ich dir zeigen wollte, dass du keines von beiden bist." Mia überlegte: „Du meinst, ich muss mich ab jetzt nicht mehr wie ein Troll aufführen nur weil ich keine Fee sein möchte?"

„Ganz genau", antwortete Esmeralda ihr. „Du darfst ein Mensch sein, und du darfst Mia sein." Das Eichhörnchen verschwand schnell in einer sicheren Baumkrone.

Mia dachte nach und reckte den Kopf in die Höhe um das Eichhörnchen doch noch einmal zu sehen und um Esmeraldas Worte in sich nachwirken zu lassen.

Das waren Worte, auf die sie lange gewartet hatte.

Was für ein Glück, dass ihr Esmeralda begegnet war.

Diese wartete geduldig eine Weile.

„Und jetzt halt dich fest, ich bringe dich zum Waldrand zurück", sagte sie dann.

Schließlich erreichten beide den Baumstamm mit dem geschnitzten Einhorn darauf.

„Auf Wiedersehen, vielleicht bis bald, meine Mia", sagte Esmeralda noch.

Sie neigte den Kopf ein wenig zum Abschied und Mia durfte ein letztes Mal ihre weiße und zauberhaft weiche Mähne berühren.

„Ich will nicht, dass du gehst!", sagte sie noch.

Doch sie wusste, dass das nichts ändern würde. Esmeralda stupste sie nochmals kurz an. Dann drehte sie sich um und galoppierte davon.

Mia setzte sich müde mit dem Rücken an den Baumstamm und dachte noch ein wenig an sie und an ihr weißes, weiches Fell.

In den frühen Morgenstunden fand sich Mia im Gras am Waldesrand wieder.
Sie musste tatsächlich eingeschlafen sein.
Ein kleiner Vogel zwitscherte laut über ihr auf einem Ast.
Ein schwarz glänzender, ganz außergewöhnlich kleiner Rabe saß still daneben und blinzelte ihr zu. Jetzt, im Morgenlicht, bemerkte sie, dass sie gar nicht weit vom Weg abgekommen war. Das war immerhin etwas beruhigend!

Eine junge Frau, die einen kleinen Hund an der Leine führte, kam gerade vorbei.

Der Hund begann mit dem Schwanz zu wedeln, als er sich Mia näherte. Die Frau beachtete ihn nicht weiter, doch Mia fand ihn außerordentlich hübsch.

Er sprang ein wenig an ihr hoch und wedelte mit dem Schwanz. Er sah winzig aus mit seinen kleinen, viel zu dünnen, zitternden Beinchen und der spitzen Schnauze, einfach unwiderstehlich.

Mia vergaß alles um sich herum, während der Hund sich so offensichtlich darüber freute ihr begegnet zu sein.

„Komm schon, Rex!"

Rex? Mia musste grinsen. Dieser Name passte nun wirklich nicht. Hatte sie sich das Hündchen eigentlich überhaupt mal angesehen, bevor sie ihm so einen Namen verpasste?

Dann konnte sie ihn ja gleich Brutus oder so nennen.

Die Frau nahm den Hund nun auf den Arm, während Mia damit beschäftigt war sich eine passende Antwort zu überlegen. „Wie heißt du denn überhaupt?"

„Und was machst du denn so ganz allein hier draußen?" fragte die Frau stattdessen besorgt.

„Mia" antwortete diese lächelnd und lief los. Zum Glück hat meine Mutter mir diesen Namen gegeben, dachte sie noch.

Wenn sie rechtzeitig vor dem Frühstück zuhause sein wollte, musste sie sich beeilen.

Mackie

Mackie, so nannte ich sie, wusste vermutlich nicht, ob es außer ihr noch andere Plump-Loris gab. Schon seit längerer Zeit hatte sie keinen mehr gesehen, der auch nur entfernt an einen Vertreter ihrer Art erinnerte.

Sie wusste wohl nicht so recht was sie davon halten sollte. Ich beobachtete sie, da ich als Biologin für ein Projekt arbeitete, das sich dem Überleben ihrer Art gewidmet hatte. Doch offenbar war ich zu spät gekommen.

Noch vor einigen, wenigen Monaten war kein einziger Tag vergangen, an dem Mackie nicht mindestens fünf anderen ihrer Art begegnet war.

Auch mir war das aufgefallen, doch trotz aller Vorsichtsmaßnahmen, trotz dem Einsetzen von Überwachungskameras und Fotofallen war mir nicht aufgefallen wie die Loris jeweils aus dem Urwald geholt worden waren.

Nun galt meine gesamte Aufmerksamkeit und Vorsicht Mackie.

Sie durfte nicht auch noch verschwinden.

Was sollte sie von der Leere halten, die sich nun abzeichnete?

Leer im strengen Sinn war es natürlich nicht.

Im Urwald wimmelte es vor Leben, doch war das natürlich auf die vollkommene Abwesenheit ihrer Familienmitglieder, Verwandten oder Bekannten bezogen.

Noch nicht einmal einen fremden Lori sah sie – nichts.

Mir ging es genauso wie ihr. Der Grund war kein großes Geheimnis, denn die Menschen fanden die winzigen Kobolde so niedlich, dass sie sie zuhauf bei sich zuhause als kleine Haustierchen hielten.
Ein Schicksal, das beinahe jedes Tier auf diesem Planeten ereilt, wenn es in den Augen der Menschen niedlich genug ist um die wichtigsten Bedingungen zu erfüllen, die aus einem wilden Tier ein akzeptiertes Haustier machten.
Loris gehören ganz besonders zu diesen Wesen. Ihre riesigen Augen rufen bei den Menschen Entzückung und den starken Drang hervor diese

winzigen Waldbewohner sofort in ihren Besitz zu nehmen.

Was die meisten jedoch nicht wussten war, dass Loris imstande sind ein tödliches Gift zu produzieren – giftig genug, um selbst einen Menschen vom Leben in den sicheren Tod zu befördern.

Menschen lassen sich, wie so oft, eher von den äußeren Merkmalen beeindrucken, und so hätten sie, selbst wenn sie es gewusst hätten, es wohl einfach nicht geglaubt.

Ein Blick in die großen Augen eines Loris und alles andere war vergessen. Ich glaube, dass Menschen vielleicht selbst oft so traurig sind wie sie es in Mackies Augen oder in den Augen der anderen Loris scheinbar wiederfinden.

Deswegen möchten sie sie besitzen: Damit ihre eigene Traurigkeit wieder weggeht.

Doch vermute ich, dass es so nicht funktionieren kann. Eher denke ich, dass man sich selbst ein wenig verloren hat, wenn man traurig ist.

Sicherlich kann man sich selbst dabei helfen lassen sich wiederzufinden. Aber sich ein Tier aus dem Urwald zu holen- ich glaube nicht, dass das klappt. Natürlich ging es auch mir nicht anders- sie waren einfach entzückend, daran gab es nichts zu rütteln.

Und dennoch war dies kein Grund sie aus ihrem Lebensraum zu nehmen, und letztlich damit das Überleben der gesamten Art zu gefährden.

In den Nächten schlief ich schlecht, ich war von der Furcht besessen, dass man auch Mackie fangen und mitnehmen würde. Glücklicherweise passierte das nicht, doch Mackie änderte ihr Verhalten.

Sie wurde zunehmend leidend, apathisch und schwermütig, und ich wusste natürlich nicht was ich dagegen hätte unternehmen sollen.
Ich durfte ihr ja noch nicht einmal zu nahe kommen.
Als Biologin musste ich eine genaue Distanz einhalten.

Ständig funkte ich Kollegen an in der Hoffnung, dass diese auf einen anderen Lori gestoßen sein könnten, so dass man diesen mit Mackie hätte zusammenbringen können.

Doch leider schien es so, als gäbe es weit und breit nur noch sie.

Ich hatte Angst vor dem Tag an dem das Projekt beendet, und ich wieder an meine Universität abgerufen werden würde.

Wer würde dann auf sie achten? Kurzerhand beschloss ich nicht wieder zurückzukehren.

Zumindest so lange nicht, bis Mackie einen Partner gefunden haben würde – oder aber, bis sie hier, in ihrem Wald, für immer ihre Augen schließen würde.

Ich würde bei ihr bleiben, ganz egal wie es ausging, denn mein größter Wunsch war, dass sie hier, in ihrem Wald, bleiben durfte.

Mittlerweile war es auch ein bisschen mein Wald geworden.

Es fiel mir schwer mir vorzustellen wieder in die Zivilisation zurückzukehren.
Nichts erschien mir lebendiger zu sein als eben jener Wald. Das hektische Leben in der Stadt wurde zunehmend unwichtiger, unvorstellbarer

für mich. Dort gab es kaum Pflanzen, das Leben war zugemauert, und die Luft war meistens nur schlecht.

Menschen hetzten sinnlos getrieben umher. Niemand hatte mehr Zeit für das, was mir persönlich als das Wichtigste erschien.

Ich wurde wohl zunehmend ungeeigneter dafür einfach wieder in mein altes Leben zurückzukehren.

Eingesperrt und elend fühlte ich mich bereits bei dem Gedanken daran. All diese Stunden vor dem Computer, im Supermarkt, im Fitness-Studio. Nein, ich wollte hier bleiben.

In diesem Wald. Nur hier. Zurückzukehren kam nicht mehr in Frage. Doch natürlich wollte ich auch wegen ihr nicht weggehen- wegen Mackie. Wer außer mir sollte sie bewachen?

Manche Wesen brauchen einfach unseren Schutz.

Es ist etwas Anderes wenn man sich selbst findet, so wie ich das tat.

Ich fügte dem Leben etwas hinzu, nämlich mich weil ich das gefunden hatte was am besten zu mir passte und was mich glücklich machte. Dazu brauchte ich Mackie niemandem wegzunehmen. Dem Urwald schon gar nicht.

Und so blieb ich bei ihr. Bereut habe ich es nie.

Fennek

Fennek war ein kleiner Wüstenfuchs, der, weil er so niedlich aussah, von einer Familie einge-fangen worden war, die ihn als Haustier halten wollte. Somit erging es ihm ähnlich wie Mackies Verwandten aus dem Urwald.

Die Menschen wussten nicht was sie Fennek damit antaten. Er war es gewöhnt wild durch den Sand zu toben und zu rennen, den weiten Nachthimmel über sich zu sehen und sich mit anderen Tieren zu messen. Nun lebte er in einem Zelt. Kinder trugen ihn auf dem Arm umher als hätte er keine Beine. Sie küssten und streichelten ihn, bis ihm beinahe die Luft weg- blieb und fütterten ihn mit Speisen, die ihm nicht gut bekamen. Sie wussten nicht, dass er am liebsten etwas ganz Anderes gefressen hätte. Zwar war er eigentlich nicht sehr wählerisch, doch der Kuchen, den sie ihm täglich fütterten, war schädlich für ihn. Es ging ihnen nur darum ihn zu besitzen, da er wie ein kleines, putziges Stofftierchen aussah und sie damit ein bisschen glücklicher machte. Fennek hingegen wurde immer trauriger. Noch nicht einmal fressen wollte er. Er bellte etwas heiser in den wenigen unbeaufsichtigten Augenblicken mit seiner hellen, feinen und dünnen Stimme in der inständigen und verzweifelten Hoffnung ein anderer Wüstenfuchs würde ihn hören und ihm helfen zu entkommen. Doch jedes Mal ergriff ihn sogleich schnell ein anderes plumpes oder zartes, trockenes oder verschwitztes, kleines oder großes Paar Menschenhände, streichelten, hielten und drückten ihn die Kinder aus der Familie, in der er nun lebte. Vom klebrigen Kuchen war ihm nun oft ganz elend zumute. Beinahe hätte er sogar aufgehört nach einem anderen Wüstenfuchs zu suchen. Doch die Sehnsucht nach der Weite war auch ihm tief angeboren, so dass er, den Widrigkeiten zum Trotz, niemals aufgab. Das war, wie man sich vorstellen kann, letztlich von Vorteil für ihn. Wie sonst hätte Fenja, die zierliche, doch zähe kleine Wüstenfüchsin, ihn hören können? Klein war sie, doch gerissen wie keine zweite. Fenja war die jüngste Tochter aus einem alten und stolzen Wüstenfuchs-Geschlecht, das von Füchsinnen angeführt wurde. Obwohl es also durchaus normal war, dass gerade die Weibchen enorm unerschrocken und mutig waren, so war Fenja sogar für diese Verhältnisse noch etwas ganz Besonderes. Eine größere Draufgängerin als sie hatte man seit Fazizah in der Wüste selten erlebt, und das, obwohl sie vom Körperwuchs her alles andere als groß war. Bereits in ihren allerersten Lebenstagen war dies allen aufgefallen. Fenja war jung, wild, frei, und zu allem entschlossen. Von niemandem ließ sie sich etwas sagen, und wehe dem, der versucht hätte sie einzusperren! Wohl wäre es ihm nicht bekommen. Fenja unternahm lange Ausflüge, meist auf eigene Faust und zu jeder Tages- und Nachtzeit. Einfach nichts konnte sie bremsen.

Bis auf diese Töne, die sie mit einem Mal vernahm. Sie stammten von Fennek, der noch immer Hilfe suchte. Es war sein Glück, dass sein Durchhaltevermögen ihn davon abhielt aufzugeben.

Zugegebenermaßen: An einigen Tagen und noch zahlreicheren Nächten hatte er nicht geheult und nicht mehr auf sich aufmerksam gemacht. Sinnlos und aussichtslos war es ihm erschienen. Doch eine Stimme in ihm, ein innerer Instinkt, eine Kraft, stärker als alles andere, hatte ihn doch immer wieder dazu ermutigt weiter nach Hilfe zu rufen. Nun war es soweit. Fenja war nun auf ihn aufmerksam geworden, seine Rettung nahte. Denn wenn Fenja sich etwas vornahm, und das tat sie in dem Augenblick bereits, dann war die Sache sozusagen bereits geritzt. Sie war es also, die Fennek schließlich wieder dorthin brachte wo er hingehörte. In geduldiger Kleinarbeit hatte sie das ganze Zelt, in dem ihr auserwählter Fennek gefangen gehalten wurde, unterhöhlt. Seine Stimme hatte es ihr nämlich von Anfang an angetan. Wüstenfüchsinnen wissen genau was sie wollen. Und sie tun sehr viel dafür die Ziele, die sie sich gesteckt haben, auch zu erreichen. Es gelang ihr sich beinahe unsichtbar zu machen – so vorsichtig grub sie an dem Fluchtgang, der gerade groß genug war, dass Fennek samt seiner mächtigen Ohren genau hindurchpasste.

Sie legte sich auf die Lauer, horchte exakt auf die Bewegungen und Geräusche der Menschen und gab ihm das entscheidende Signal, welches ihn darüber in Kenntnis setzte, dass die Luft rein und der perfekte Zeitpunkt für eine aussichtsreiche Flucht gekommen war. Fennek wiederum zögerte keine einzige Sekunde, obgleich sein Herz so rasend schnell klopfte, dass keine Wüstentrommel nachgekommen wäre. Er vertraute Fenja, zudem wusste er, dass dies wohl seine einzige, letzte Chance bleiben würde seinem engen Menschen-Gefängnis endlich zu entkommen. Geschickt manövrierte er sich durch den Fluchtgang hinaus aus dem Zelt, das zu seinem dunklen, zutiefst verhassten Kerker geworden war. Währenddessen schliefen die Menschen, noch satt von ihrem Abendessen, von Fladen, Tee und allerlei Kuchen, in ihren gemütlichen Betten und bemerkten nichts von Fenneks heimlicher, gänzlich stiller friedlicher Flucht. Sehr aufmerksam beobachte die kleine

Füchsin, Fenja, das gesamte Treiben, stupste den frisch Geflohenen kurz liebevoll mit der Schnauze an, nachdem er sie neugierig aus dem Fluchtgang streckte und verschwand mit ihm leise, dezent und auf Nimmerwiedersehen in der prächtigen, klaren Wüstennacht. Fennek, der schon beinahe die überwältigende Schönheit seiner Wüste wieder vergessen hatte (nach so langer Gefangenschaft im Zelt), kam aus dem Staunen gar nicht mehr heraus. Versuche Dir den größtmöglichen, weiten Himmel bei Nacht vorzustellen! Vielleicht kannst Du es dann ein bisschen verstehen. Ich bin sicher, dass es Dir ebenso gefallen würde wie Fennek. Er fraß die saftigen Knollen, die ihm um so vieles lieber waren als Kuchen und hörte die Melodie der sich leise ankündigenden Sandstürme schon von weitem. Beinahe war es so wie ein zweites Mal geboren zu werden. Das klang zwar etwas übertrieben, doch genauso fühlte es sich für Fennek an. Er entdeckte in jener Nacht und in den darauffolgenden Tagen alles neu. Fenja war sehr zufrieden mit sich. Alles war ganz genauso gelaufen wie sie sich das vorgestellt hatte. Doch das war andererseits auch kein Wunder: Kleine Füchsinnen, wie Fenja, sind nämlich zu keinem Zeitpunkt und unter keinen Umständen zu unterschätzen. Die Kinder aber hatten nun auch wieder mehr Zeit sich um anderes zu kümmern, und es war Amira, die älteste Tochter der Familie, die ihren Geschwistern nun andere Dinge zeigte. Ähnliche Dinge, die auch Fennek begeisterte: Den weiten Wüstenhimmel, den Sandquirl und die vielen leuchtenden Blumen, die sogar, ganz plötzlich, aus einem Wüstenboden erwachsen konnten. Amira war es auch, die dafür sorgte, dass- zumindest in ihrer Familie - niemals wieder ein Wüstenfuchs gefangen gehalten wurde. Vielleicht denkt ihr, dass das allein nicht viel nützt, aber es ist ein Anfang. Außerdem, was soll ich sagen: Es war eine wirklich große Familie.

In der Wüste nämlich ist alles auf eine Art miteinander verwandt.

Hüter der Zeit - Fazizah

Fazizah, eine kleine Fennek-Dame und Gefährtin von Faruk aus der Wüste sah nicht nur durch die Zeit, vielmehr sah sie die Dinge so wie sie sein sollten, und wenn sie sich ein paar Mal wie ein Kreisel um sich selbst drehte, konnte sie für Sekunden oder auch eine Minute die Zeit um sich herum anhalten. Normalerweise, zumindest habe ich es so selbst in Kairo bei einem alten Meister gelernt, bleibt dies einem jeden Menschen bis zur Stunde seines eigenen Todes verborgen. Doch die fünf Tage nahe eines Wasserlochs, an der Fazizah, damals eine der allerletzten Wüstenfüchsinnen überhaupt, denn in der Wüste Sur galten sie als ausgestorben, hatten im Gefüge der Dinge etwas überaus Wichtiges durcheinandergeworfen. Nach dem zähen Kampf mit einem ungleich größeren Tier, einer Hyäne, wie tot gelegen war und überlebt hatte, war seither in der Lage dazu mit der Zeit ein wenig zu spielen.

Auch wenn das, was sie letztlich tat nichts mit Spielen zu tun hatte, sondern weitaus ernster war. Sie hatte sich, nachdem sie Faruk, einen Wüstenfuchs, durch die Zeit hindurchgesehen hatte, auf eine lange Wanderschaft hin zur wahrhaft großen Wüste Sahara begeben, wo sie schließlich zielsicher auf ihn getroffen war, den liebevollsten, schönsten Fuchs, den die Wüste zwischen Timbuktu und Tahua je gesehen hatte.

Was der Kampf mit der Hyäne letztlich mit ihrer erworbenen Fähigkeit, eine Hüterin der Zeit zu werden, zu tun hat ist schwer zu sagen.
Vielleicht ist dem großen Geist, der alles bestimmt aufgrund der Hitze und des vielen Sandes ein Fehler unterlaufen. Ein kleines Versehen, oder aber, wenn man davon ausgeht, dass dem großen Geist ein solches Versehen auch nicht unter den ungünstigsten aller Bedingungen passieren könnte, war es vielleicht Absicht. Ich weiß ja auch nicht alles.
Möglicherweise gibt es ja doch schon auf *dieser* Erde vereinzelt Menschen und auch Tiere, die zuweilen sehen wie die Dinge sein sollten und die die Zeit hüten können. Leicht zu ertragen

mag eine solche Fähigkeit nicht sein, da der Unterschied zwischen den Dingen wie sie sein sollten, und den Dingen wie sie nun mal sind, sich zuweilen sehr stark voneinander unterscheidet. Zudem stelle ich es mir äußerst schwer vor die Zeit zu hüten. Schwerer, ehrlich gesagt zu sein, als einen ganzen Sack mit Flöhen zu hüten, um genau zu sein. Das Ganze ist von mir vielleicht auch nicht klar genug ausgedrückt.

Die Zeit muss man nicht hüten, diese hütet sich immerzu selbst. Doch die Dinge vor der Zeit behüten, und zwar dadurch, dass man die Zeit durch einen blitzschnellen Sandkreisel verwirrt, und somit kurz anhält, das war etwas Anderes und eine Aufgabe, die Fazizah nun zugefallen war. Eine jede Gabe muss man verwenden, sonst wendet sie sich gegen einen selbst. War es also nun ein Fehler der Geister Fazizah mit etwas so ganz und gar Außergewöhnlichem zu versehen? Jeder, wenn wir voraussetzen, dass es mehrere mit diesen Fähigkeiten gibt, mag anders damit umgehen. Bei Fazizah jedenfalls führte es zu einer großen Unruhe, die sie erst spät, und trotz Faruks ständiger Fürsorge, kurz vor dem Ende ihres Lebens ablegte. Selbst beim Fressen ihrer geliebten, saftigen Früchte und Knollen pflegte sie sich gehetzt umzusehen, nicht einmal gemeinsam mit ihren vielen Nachkommen in ihrem Sandbau unter der Erde, der über mehrere praktische Ein- und Ausgänge verfügte, schien sie sich jemals so richtig sicher zu fühlen. Faruk legte sich in solchen schweren Momenten vorsichtig neben sie und schnurrte wie eine Katze, um Fazizah zu beruhigen.

Fenneks können so etwas, und meistens klappt es auch. Bei Fazizah allerdings nicht so recht. Sie war immer wachsam, und das war vermutlich auch nicht besonders verwunderlich. Immerhin sah sie durch die Zeit, in die Zeit und aus der Zeit hinaus. Ich jedenfalls stelle mir das sehr verwirrend vor. Es gelang ihr so viele Leben zu retten, die Ordnung der Dinge, zumindest ab und an, herzustellen, doch hatte diese Gabe eben auch den Preis einer ständigen Unruhe. Ihr durch das schnelle Drehen im Kreis lädierter Hinterlauf und das vom langen Kampf mit der Hyäne dauerhaft beschädigte Ohr waren hierbei auch nicht gerade von Vorteil.

In der Wüste die Zeit anhalten zu wollen konnte ein enorm schwieriges Unterfangen sein.

Fazizah konnte hören, wenn jemand in Gefahr war. Oft genug war es ihr gelungen die Zeit um sich herum zu verzögern oder gar anzuhalten- und viele der Kämpfe mit Schlangen, Hyänen, Giftspinnen oder Skorpionen endeten für sie und ihre Familie daher nicht so wie sie sonst verlaufen wären, nämlich tödlich.

Durch Fazizah, eine einzige kleine Füchsin, die letzte der Wüste Sur, erholte sich die gesamte Population der Wüstenfüchse wieder.

Sie hätte unfassbar stolz auf sich sein können, wäre nur die Verantwortung nicht so stark auf ihr gelastet.

Doch nach einigen Jahren, Faruk war bereits gestorben und hatte ihr nur die Erinnerung an sein warmes Schnurren zurückgelassen, veränderte sie sich ins Gegenteil.

Vielleicht war sie am Ende so ruhig, weil sie ahnte, dass sie bald inmitten dessen sein würde, das sie selbst als etwas durchgehen ließ, was „Die Ordnung der Dinge" genannt werden konnte. Die Zeit anzuhalten indes schwächte sie zunehmend. Mittlerweile war ihr gesamtes Fell ganz struppig, die Augen mit hellen Schlieren überzogen, gerade so als sei sie blind. Dabei konnte sie doch so viel weiter sehen als andere. Immerhin war es ihr gelungen ihre Sturheit, ihre Stärke, ihren Gerechtigkeitssinn und Mut, sowie die besondere Erinnerung an Faruks Liebenswürdigkeit zuverlässig an die nächsten Generationen weiterzugeben. Eine ihrer Nachfahrinnen, eine Ur-Enkelin, war Fenja, von der ihr vielleicht schon einmal gehört habt.

Doch Fenja war noch nicht geboren, als sich Fazizah, kurz vor ihrem Ende, einer inneren, hellen Stimme folgend, endlich auf einen Weg begeben hatte, der ihr zuvor, sie kannte die Abzweigung schon lange, nicht gerade besonders interessant vorgekommen war. Zu weit abseits von all den Wegen auf denen sie Schutz oder Futter zu finden vermutet hatte. Doch nun, inmitten der Wüste, war da etwas Kühles an ihrer Nase, Geräusche von tropfendem Wasser durch eine Art Echo verstärkt. Fazizah war an einem verblüffenden Ort gelandet: In einer türkisen Grotte, die von solcher Schönheit war, dass selbst der kleinen Wüstenfüchsin, die schon so viel gesehen und erlebt hatte, etwas Vergleichbares noch nie begegnet war. In dieser Grotte gab es keine Zeit. Man hätte das wohl nicht ohne weiteres bemerken können, doch Fazizah, die Füchsin, verfügte über einen diesbezüglichen Sinn.

Die Abwesenheit von Zeit und die unbekannte Grotte machten ihr jedoch keinerlei Angst.
Warum auch? Hier konnte sie sich endlich ausruhen. Die unfassbare Schönheit der Grotte war mit keinem irdischen Wort zu beschreiben.

Es gab keinen Hinweis darauf, ob vor ihr denn überhaupt schon jemals jemand diese Grotte betreten hatte.

Eine innere Stimme sagte ihr, dass diese so wundervolle Grotte nur für sie hier wäre und zwar deshalb, weil sie nun selbst aus der Zeit heraus genommen werden würde.

Die kleine Wüstenfüchsin verspürte überhaupt keine Angst- nur eine riesengroße Neugierde und eine schier unzähmbare Vorfreude auf das, was sich hinter diesem Türkis befand.
Noch existierte die Zeit in ihrem Kopf, doch nach und nach glich sich alles dem Frieden in der Grotte an. Fazizah wusste, dass dies nur der Anfang von etwas anderem war. Etwas, das sie noch nicht kannte. Aber so etwas hat eine Füchsin wie sie noch nie abschrecken können. Und sie wusste dass sie, hätte sie die Grotte

bereits früher gesehen niemals auch nur die leiseste Unruhe verspürt hätte.

Faruk

Obwohl ich bisher am meisten über Fenja und Fazizah geschrieben habe, möchte ich Euch an dieser Stelle einmal von Faruk erzählen. Faruk ist einer der stillen Helden. Er erlebte vielleicht nicht die größten aller Abenteuer, doch ohne ihn, ohne seine Fürsorge für Fazizah, hätte es weder die anderen Füchse noch Fenja gegeben.

Fennek wäre vielleicht für immer in menschlicher Gefangenschaft geblieben, und, da alles anders geworden wäre: Vielleicht hätte auch niemals jemand die blaue Grotte entdeckt. Faruk bekommt auch hier nur eine kleine Seite in diesem Buch, doch andererseits ist es nach ihm benannt. Stellvertretend für die ruhigen Helden in unserem Leben. Für die, die oft oder auch nur manchmal übersehen werden, und deren Leistung man nicht so sehr schätzt weil sie weniger spektakulär zu sein scheint. Faruk war geduldig und weise und doch auch kraftvoll wie das Meer. Das Meer ist immer kraftvoll, selbst wenn es still zu sein scheint. Daher erinnert es mich an ihn. Und dass, obwohl Faruk nie das

Meer sah, da er eben ein Wüstenfuchs war. Aber vielleicht ist niemand nur genau das Eine oder das Andere. Vielleicht ist jeder Vieles zugleich. Dieses Buch hier, lieber Faruk, wäre ohne Dich um so viele Geschichten ärmer. Auch um das, was zwischen den Zeilen steht. Und das, glaube es mir, ist eine ganze Menge. Wenn Du, der das liest, Dich vielleicht auch manchmal so fühlst dann denke daran wie wichtig Faruk ist, war- und immer sein wird!

Igor und Natascha

Ich glaube, dass es in ganz Russland niemals ein glücklicheres Hasenpärchen gegeben hat als Igor und Natascha.

Die Namen hatten sie sich nicht selbst gegeben, vielmehr stammten diese von Sonja Solewska, einem kleinen Mädchen, deren Eltern eine große Hasenzucht besaßen.

Die Hasen dort vermehrten sich so schnell, dass Sonjas Eltern mit dem Verkauf kaum nachkamen und sogar einen weiteren Hasenstall anbauen mussten, der so groß wie eine Scheune war, und in dem mehrere hundert Tiere lebten, junge und alte. Nur Igor und Natascha schienen offenbar nicht zur Aufzucht geeignet. So sehr man sich auch bemühte: Weder Igor noch Natascha wurden jemals Eltern. Selbst als man Igor die Häsin Tatjana in den Stall setzte wurde nichts daraus. Und dass, obwohl Tatjana eine erfahrene Mutter-Häsin war. „Na ja, wir müssen sie wohl einschläfern. Das sind ja sonst voll-kommen unnütze Fresser", beschloss Sonjas

Vater eines Tages streng. Sonja Solewska, die das glücklicherweise gerade noch rechtzeitig mit angehört hatte und deren Geburtstag vor der Tür stand, sagte: „Ich wünsche mir zum Geburtstag nichts außer dem Leben von Igor und Natascha. Bitte schenke sie mir, ich möchte ihnen die Freiheit geben!"

Sonjas Vater, ihre Mutter ebenfalls, waren von diesem Wunsch überrascht, er konnte seiner kleinen, zumeist fest entschlossenen Tochter jedoch ohnehin nichts abschlagen, so dass sie die Hasen bekam und ihnen, wie sie es an-gekündigt hatte, die Freiheit schenkte. Zuerst hatte es nicht danach ausgesehen, dass die beiden jemals ihr Glück finden würden.

„Wozu sind wir dann da?", hatten sie sich mehr als einmal gefragt. Es ist nämlich eben so, dass ganz besonders Hasen normalerweise sehr mit ihren Nachkommen angeben. Tatjana war da ganz vorne mit dabei!

Sie zählen all ihre Kinder auf, die Enkel und die Urenkel- und manchmal sind das so Schwindel erregende Zahlen, dass man direkt ins Schwitzen kommt- allein bei dem Versuch sich die massige Anzahl all dieser Hasen und Häsinnen auch nur vorzustellen. Natürlich erwähnte man nicht, dass viele von ihnen in Kochtöpfen endeten- das hätte ja die Anzahl verringert, und man machte sozusagen gerne auf „dicke Hose". Igor und Natascha fragten sich daher oft, ob sie nicht vielleicht doch gänzlich überflüssig auf dieser Welt seien. Sie kannten sich damals, als sie diesen trüben Gedanken nachhingen, noch nicht. Doch im Augenblick ihres Kennenlernens waren ihre Zweifel wie weggefegt. Igor und Natascha verstanden sich nämlich auf Anhieb, und sie vertrauten sich sofort blind. Sie schauten sich einmal tief in die Augen, und schon war es um beide geschehen. Aber so richtig! Dann stupsten sie ihre Nasen heftig aneinander und ihre Liebe war bezeugt und besiegelt. Vielen neuen Gefahren waren sie nun zwar ausgesetzt, jetzt, wo der schützende Stall nicht mehr da war, der sie vor so manchem Fressfeind beschützt hatte. Dennoch wollte keiner der beiden jemals wieder dorthin zurück.

Sie sausten durch die Wälder, kuschelten sich bei Kälte, vor allem in den langen Nächten, eng aneinander, warnten sich immerzu gegenseitig vor riesigen Adlern und ähnlichen Raubtieren, die es auf sie abgesehen hatten, und waren auch sonst ein wahrlich traumhaftes Hasen-Team. Gemeinsam mümmelten sie ohne Unter-lass die saftigsten Kräuter und allerdeftigsten Gräser, die man sich überhaupt nur vorstellen konnte, hoppelten durch Felder und Steppen immer in Richtung des unbeschreiblich majes-tätischen russischen Baikalsees, den sie zwar nicht kannten, auf den sie jedoch trotzdem hoppelnd, unweigerlich und unaufhaltsam be-geistert zusteuerten. Eine solche fast über-irdische, atemberaubende Schönheit hätten sie niemals vermutet, als sie sich schließlich dort einfanden. Diese Farben und überhaupt! Etwas, von dem man nie genug bekommen konnte! Doch Schönheit und Glück kommen, wie so oft, gänzlich überraschend. Ebenso wie die Freiheit.

Das sind mehrere der wahrlich guten Über-raschungen, die das Leben auch immer mal für uns- oder für bestimmte Hasen bereithält. Igor und seine Natascha, das unbestritten und überglücklichste aller Hasenpärchen im großen, weiten Russland, wussten das, so viel steht schon mal fest, alles ganz außerordentlich zu genießen. Sie füllten die Tage mit Leben. Und wenn Du, der das liest vielleicht mal denkst, dass Du nicht mehr weiterkommst, dann denke einfach an die beiden.

Krümelchen

Igor und Natascha, die beide längst nicht mehr mit Nachwuchs gerechnet hatten, bekamen, das Schicksal wollte es offenbar am Ende so, doch noch Nachwuchs. Ein einziges, winzig kleines Häschen, nennen wir es Fjodor. Igor und Natascha hatten ihren eigenen Namen für ihren einzigen, zierlichen Sohn. Doch der ist zu schwer auszusprechen. Die Namen habe ich daher, so gut es überhaupt nur geht, übersetzt. In der Tiersprache selbst sind sie sehr kompliziert und nicht mit unsren Ansammlungen von unterschiedlichen Buchstaben zu vergleichen.

Dennoch habe ich mein Bestes gegeben. Fjodor war das, was man, vor allem wenn man gehässig ist, einen „Angsthasen" nannte.

Das war etwas komisch, ich gebe es zu, denn immerhin: Wenn das Schicksal so darauf aus ist, dass man zur Welt kommt – auch wenn die eigenen Eltern und sonst niemand mehr damit gerechnet hätte, dann wird es einen doch nicht fallen lassen. Im Gegenteil.

In so einem Fall hat das Schicksal doch höchstwahrscheinlich Großes mit einem vor. Ich weiß selber nicht was nun genau Großes ist. Das hängt sicher vom einzelnen Leben ab, aber sicher doch würde es Fjodor für eine Weile beschützen- ebenso wie Igor und Natascha das taten. Nichtsdestotrotz. Fjodor fürchtete sich vor wirklich allem. Die grellen, lauten Rufe der Nachtvögel, das Flattern von Fledermausflügeln oder auch nur ein ganz gewöhnliches Unwetter mit Donner, Blitz und Hagelschlag trieben ihn in heftige Ängste.

In solchen Fällen rollte er sich zusammen, wirkte dann noch viel kleiner als sonst- man hätte ihn ohne Probleme für einen Mäuserich halten können, so klein war er dann- und er zitterte bis Igor und Natascha ihn in ihre Mitte nahmen, wärmten und beruhigten. Es sah nicht danach aus als könnte sich das jemals ändern. Doch nur eine Woche später wurde Fjodor zu einem Held. Zu einem kleinen vielleicht, aber immerhin. Er half nämlich einem echten Mäuserich, der sich, so etwas passiert zwar selten, aber es kommt dennoch vor, verlaufen hatte. Klagend hatte Fjodor diesen vorgefunden, ihn nach seinem Namen gefragt. Er hieß, Króschytschka, was so viel wie „Krümelchen" bedeutete.

Einen Nachnamen hatte er nicht, oder aber er konnte sich an diesen nicht erinnern. Fjodor hatte ihm wiederum seinen eigenen Namen genannt (Vor- und Nachnamen) und ihn danach unverzüglich aufgefordert sich an das zu erinnern, woran sein Zuhause am besten zu erkennen sei. Noch während Krümelchen also angestrengt nachdachte, mischte sich ein Maulwurf in das Gespräch ein und stellte sich als Artur Arturowitsch vor. „Sicherlich kann ich behilflich sein", vermutete er sehr höflich. „Immerhin kenne ich mich hier bestens aus!" Dabei rieb er sich die winzigen Augen, trat näher und beschnupperte Fjodor und Krümelchen ganz ungeniert. Krümelchen wiederum legte sich mächtig ins Zeug um seine Behausung und die unmittelbare Umgebung genau zu be-schreiben. „Das ist doch nun wirklich kinder-leicht!", ließ Artur gleich verlauten und leierte gekonnt- und etwas gelangweilt- die genaue Wegbeschreibung hin zu dem nun verzweifelt gesuchten Mäusebau herunter. Fjodor prägte sie sich gut ein. Es sah so aus als müsste er dem verpeilten Krümelchen dabei helfen seinen Weg nachhause wieder zu finden. Für eine Sekunde war er versucht seine Mutter und seinen Vater darum zu bitten ebenfalls mitzukommen. Allein der etwas verächtliche Blick aus Arturs kleinen Maulwurfsaugen veranlasste ihn dazu es sich anders zu überlegen. Das würde er, Fjodor, doch wohl noch hinbekommen. So standen sie noch ein wenig herum, tratschten über dies und das als ein Donner anhob, so laut, dass er noch mindestens hundert Kilometer entfernt gehört werden konnte, eingeleitet und sofort wieder gefolgt von einem Blitz und von Regentropfen so groß, das ein Mäuserich wie Krümelchen eine ganz gehörige Gehirnerschütterung hätte davon tragen können. „Ich muss jetzt weg", rief nun der Maulwurf in plötzlicher Hast und verdrückte sich. Fjodor hätte schwören können: *erbleicht*!

„Laufe immer ganz dicht neben mir", ermahnte Fjodor Krümelchen und beide schlugen sich tapfer bis zu Krümelchens Mäusebau durch. Immer wieder schlugen große Hagelkörner dicht neben ihnen mit Wucht in den so weichen Waldboden. Fjodor bezähmte seine Angst mit jeder Minute, die verstrich, ein bisschen mehr.

„Da bist Du ja endlich, wo warst Du? Hab mir Sorgen gemacht!", jammerte Mýschka, so war der Name von Krümelchens Bruder. Man kann ihn mit „freundliche kleine Maus" wiedergeben, was ja, ich gebe es gerne zu, ziemlich gut von mir übersetzt wurde. Also, es ist nicht so, dass ich mich normalerweise selbst loben würde; in diesem Fall ist es eine Ausnahme.

Krümelchen bedankte sich bei Fjodor und wollte ihn gerade noch hereinbitten um sich abzutrocknen. Man nannte ihn sogar höflich *kleines Häschen* (und so nennt man sich wahrlich nur unter Freunden), als die Sonne wieder hervortrat und vom Gewitter – bis auf den feuchten Waldboden - nichts mehr übrig war. Fjodor lehnte höflich ab, verabschiedete sich bei den Mäusen und trat den Rückweg an. Als er wieder auf der Höhe des Maulwurfshügels angekommen war entdeckte er Artur, der gerade dabei war sein Köpfchen vorsichtig aus dem Boden zu recken ohne dabei seine Fell-Frisur zu ruinieren. „Hatten Sie möglicherweise etwas Angst, Herr Artur Arturowitsch?", wollte Fjodor ziemlich neugierig wissen.

„Ja, aber das ist doch natürlich!", räumte der Maulwurf ein. „Aber ich bitte Sie, Herr Fjodor Igorjewitsch, bemühen Sie doch einfach mal gelegentlich Ihre Vorstellungskraft, bedenken Sie was alles passieren könnte - fürchterlich!

Und meistens beginnt es mit einem Gewitter. Das ist doch immer so.
Der Rest schließt sich dann an. Denken Sie mal nach. Der Mond könnte zum Beispiel auf die Erde fallen, Das wissen wir doch gar nicht! Oder die Blumen könnten plötzlich auf die Idee kommen zu fliegen.
Unvorstellbar!
Ihre Stiele als rasende Propeller. Was da alles passieren kann. Und wohin sollen dann die Käfer und die Bienen, so ganz ohne ihre Blumen! Selbstverständlich werden sie sich irgendeinen albernen und natürlich erschreckenden Unsinn ausdenken, um uns zu schaden!

Mir wird ganz heiß, wenn ich nur daran denke. Artur zupfte sich nervös Kragen herum und trat auf der Stelle, die rosigen Beinchen ständig in Bewegung.

Jetzt fand allerdings sogar Fjodor, dass Artur ein klein wenig übertrieb.

„Ist doch eher unrealistisch!", antwortete er ihm daher, doch etwas unfreundlicher als geplant. Allerdings war sein Fell nass, zudem war er müde, und das kann schon erklären warum er so kurz angebunden war.

Als Fjodor nachhause kam, wunderte er sich, da sich weder seine Mutter Natascha noch sein Vater Igor um ihn gesorgt hatten.

Sie saßen ganz unbekümmert in der Ecke und aßen Kohlblätter, so als sei gar nichts gewesen, und als sei ihr Sohn nicht gerade völlig durchnässt nachhause gekommen.

„Ich war nicht da, war das Euch etwa egal?"

„Aber egal doch nicht!", brummelte Igor.

„Nur wussten wir eben genau, dass Du schon weißt was Du tust. Bist ja eben unser Sohn, helle im Kopf auch - ist so! "

Natascha mümmelte bekräftigend ihren Kohl zu seinen Worten.

So richtig erklären kann ich es nicht, doch Fjodor konnte hernach auf keinen Fall mehr ein *Angsthase* genannt werden.

Vielleicht hatte er ab und zu noch Angst, wenn ein Fuchs in der Nähe war, zum Beispiel.

Aber das ist ja, ohne Frage, etwas ganz Anderes.

Lilly Ljubljana oder:

Das unheimlich schlecht gelaunte Rotkäppchen

Lilly Ljubljana lebte in Russland. Ein großer Wald umringte die kleine Siedlung, in der sie mit ihrer Mutter Larissa lebte. Lilly sah niedlich aus, jedenfalls wenn es nach ihrer Mutter ging. Aus diesem Grund wurde sie auch nicht müde ihr Mützchen und Umhänge, Handschuhe und Söckchen zu stricken und zu häkeln, bis in Lilly Ljubljanas Schrank kaum noch ein einziges freies Plätzchen vorzufinden war. Da die Lieblings-farbe ihrer Mutter rot war, waren auch die meisten ihrer Kleidungsstücke rot – wenn da nicht Lillys Großmutter gewesen wäre, die so anständig war der Kleinen ab und an ein Kleid oder Hosen in deren Lieblingsfarbe zu schenken, nämlich in *wolfsgrau*.

Somit gab es wenigstens ein paar Kleider, die auch Lilly selbst mochte.

Keine Farbe gefiel Lilly nämlich besser, vor allem dann nicht, wenn der Stoff auch noch mit winzigen weißen Punkten durchsetzt war. Lilly war keineswegs so niedlich wie ihre Mutter dachte. Sie konnte raufen und spucken wie ein ganzer Kerl, und niemand wusste wo sie all die

Schimpfwörter her hatte, mit denen sie jeden belegte, der ihr gerade dumm kam.

Auf den Kopf gefallen war Lilly jedenfalls nicht, soviel stand schon einmal fest.

Was ihr gehörig die Laune verdarb, waren all die roten Käppchen, Söckchen und Mützen und die Tatsache, dass sie mit geflochtenen blonden Zöpfen herumlaufen musste, weil ihre Mutter das entzückend fand. Gleichzeitig wollte Lilly ihre Mutter nicht kränken, da sie sie schon in Ordnung fand – von dem Fimmel mit dem Aussehen abgesehen.

Also sagte sie nichts, zog die roten Kleider an, ließ sich die Haare bürsten und flechten und wurde dabei immer missgelaunter. Das Einzige, was in solchen Fällen half, war ein Spaziergang zu ihrer Oma, die ein paar Kilometer entfernt wohnte. Durch den Wald gefiel es ihr am besten, die Bäume dort beruhigten sie ein wenig. Das Grün ihrer Blätter und Nadeln war ein gutes Gegengewicht zu dem ewigen Rot, das ihr mittlerweile gehörig auf die Nerven fiel. Ja, ein

Besuch bei der Großmutter war in solchen Fällen einfach das Beste! Meistens brachte sie ihr noch etwas zu essen mit. Es war nicht so, dass ihre Oma arm gewesen wäre, doch hatte sie nie genug Kuchen da, wenn einmal Besuch kam.

Der Grund war der, dass sie den Kuchen immer ganz allein verdrückte, weil es nichts gab, das ihr auch nur annähernd so gut schmeckte wie Kuchen. Also zog Lilly auch heute los, um ihre Großmutter zu besuchen. Ihre Mutter hatte ihr, zum Auffüllen der Vorräte, wieder einmal Kuchen und außerdem saftige Fleischbällchen und Würste eingepackt.

Lilly Ljubljana nahm, wie meistens, die unheimlich praktische Abkürzung durch den Wald, obwohl das, ganz besonders ihrer Mutter, überhaupt nicht Recht war. „Du weißt genau, Lilly Ljubljana", sagte sie streng, „dass es im Wald Wölfe gibt!". Lilly konnte da nur müde lächeln. Bei ihrer schlechten Laune sollte ihr mal ein Wolf unterkommen! Der würde sich aber warm anziehen müssen, verdammt warm!

Wenn er sich nicht vorsah würde sie ihn in der Luft umherwirbeln! Noch während sie das dachte, wurde ihr von ihrer Mutter wieder einmal ein rotes Mützchen aufgesetzt, ein roter Umhang festgezurrt und ein rotes Tuch über den Picknick-Korb gelegt. „Du siehst entzückend aus, ganz entzückend", jubelte diese daraufhin und klatschte vor Begeisterung in die Hände. Wölfe und ähnliche Gefahren hatte sie wieder vergessen, was typisch für ihre Mutter war. Kaum sah sie ein rotes Käppchen, war es auch um sie geschehen. Lilly verdrehte die Augen, zog die Tür hinter sich zu und machte sich, unheimlich schlecht gelaunt, auf den Weg zu ihrer Großmutter. „Du siehst entzückend aus!" hallte es in ihrem Kopf nach. Lilly kickte wütend einen Ast zur Seite, so dass ein Eichhörnchen erschrocken vor ihr floh. „Du feige Nuss", schimpfte ihm Lilly erbost hinterher. Sie war gerade dabei sich mächtig in ihre Wut hinein- zusteigern, als sie ihn sah - den Wolf, noch nicht einmal fünf Meter von sich entfernt. „Du kommst mir gerade recht", zischte sie ihn an, denn ihre Wut steuerte mittlerweile auf einen solch mächtigen Höhepunkt zu, dass sie sich und ihre Kräfte bei weitem überschätzte. Als sie auch noch feststellte, dass der Wolf nicht im Rudel, sondern vielmehr ganz allein und für sich war, verstärkte sich ihr Leichtsinn noch, und sie begann ihm zu drohen und ihn mit wüsten Schimpfwörtern zu überhäufen. Der graue Wolf schlich, davon unbeeindruckt, interessiert und vorsichtig um sie herum, kam nicht zu nahe und beobachtete sie aufmerksam eine Weile, bevor er sich dann, Lillys Geschimpfe zum Trotz, dem Picknickkorb näherte. „Der feine Kuchen, die Würstchen und die schönen Buletten", dachte Lilly alarmiert. Nun bemerkte sie, dass der Mut sie doch etwas verließ, auch der Zorn fiel in sich zusammen, als der Wolf sich mit einem begnadeten Appetit an Fleischküchlein, Würste und sogar an den Kuchen machte. Sie überlegte zwar zunächst kurz was wohl die Großmutter zu dem leeren Korb sagen würde, dachte dann aber, dass der Wolf vermutlich einen größeren Hunger hatte. Er wirkte etwas mager. Zudem gefiel ihr die Farbe seines Fells, nämlich reines wolfsgrau, ganz außerordentlich gut, was sie zugeben musste. Also beobachtete sie den Wolf mit seinem riesigen Appetit, bis dieser kein Krümelchen mehr übrig gelassen hatte und ziemlich zufrieden wirkte. „Bist du jetzt fertig?", fragte sie, nun schon etwas freundlicher gestimmt. Natürlich war von einem Wolf keine Antwort zu erwarten, so dass sie den leeren Korb nahm und eilig in das Haus der Großmutter lief, die schon auf sie gewartet hatte. „Lilly, sag mal, hast du Kuchen dabei? Ich habe mächtigen Hunger". Lilly verdrehte erneut die Augen. Ihre Oma hatte ja wirklich nur das Eine im Sinn. „Nein, leider", antwortete Lilly. „Der Korb ist mir umgekippt, und alles lag am Boden verstreut", behauptete sie. „Schneller als nur einer sehen konnte war alles mit Ameisen und Käfern übersät, da hab ich es lieber liegenlassen." Die Großmutter entwand ihr ungläubig den Korb. „Der ist ja wirklich leer", jammerte sie, dabei hob sie zu einem Reim an. Keine Ahnung, wo sie den nun wieder her hatte. Ausgerechnet dann auch noch etwas über einen Wolf! Dabei konnte ihre Großmutter das doch überhaupt nicht wissen. Vermutlich nur ein reiner Zufallstreffer.

Jedes Huhn findet nun mal ein Korn- oder so ähnlich.

Gänseschmalz und allerlei,

Grauer Wolf, wir sind jetzt frei

Uns're Angst ist nun vergangen,

Vor Dir wir niemals wieder bangen!

Schleichst Dich heimlich in die Betten,

Frisst uns weg alle Buletten!

Schreib Dir das hinter die Ohren,

Hast im Haus gar nichts verloren!

Hier gibt's für Dich so gar kein Futter,

Tabu ist auch die große Mutter.

Wer Großmütter in seinem Magen,

Den wolln'wir hier nicht mehr ertragen.

Hinweg, sonst wirst du noch erschlagen!

Das nahm ein wenig den Druck aus der ganzen Sache. Doch Lilly war nicht vorsichtig genug gewesen, um noch einmal in den Korb zu sehen.

Flink zog ihre Großmutter ein Büschel Wolfshaare zwischen den Lücken des geflochtenen Korbes hervor.

„Du warst in Gefahr!", jammerte sie nun noch lauter, „und ich dachte nur an meinen blöden Kuchen! Du armes Kind, komm her!" Und sie drückte Lilly Ljubljana so fest an ihren großen Busen, dass Lilly kaum noch Luft bekam. „Ich will gar keinen Kuchen", jetzt begann sie Lilly auch noch auf den Kopf zu küssen. „Auch das noch!" Lilly machte sich ganz steif. „Ich bin sowieso viel zu fett, ich will nur meine süße, kleine Lilly!" „Wenn sie so weitermacht", dachte Lilly, „wird sie mich am Ende ebenso sehr verschlingen wie der Wolf das Rotkäppchen im Märchen!" Doch soweit kam es zum Glück nicht. Nach ein paar Minuten hatte ihre Großmutter sich wieder im Griff. „Ich werde jetzt mal ein ernstes Wort mit deiner Mutter reden, Kind!" „Wieso das denn"? wollte Lilly wissen. „Na hör´ mal, Lilly!" Die Großmutter war noch immer ziemlich aus dem Häuschen. „Immer mit diesen roten Klamotten! Da sieht dich ja ein Blinder 100 Meter gegen den

Wind. Meine arme, arme Lilly!" Oma jammerte immer weiter. „Mit solchen Kleidern bist du niemals gut getarnt. Ist doch klar, dass du viel mehr Sachen in wolfsgrau brauchst!"

„Meinst du wirklich?" Lilly gefiel der Gedanke. „Vielleicht sogar noch mit diesen kleinen, total süßen weißen Tüpfchen darauf?" „Unbedingt mit ganz besonders vielen weißen Tüpfchen! Beschloss die Großmutter mit einem solchen Gesichtsausdruck, der absolut keinen Wider-spruch duldete. „Na, dann rede mal mit ihr, Oma", meinte Lilly. „Schaden kann das auf gar keinen Fall!" „Würde ich aber auch sagen", brummte die Großmutter zurück, „immer dieses rote Zeug! Kein Wunder, kein Wunder, zieht doch nur die Wölfe an." Dann schlurfte sie in die Küche, um ihrem Gast wenigstens etwas zu essen anzubieten. „Habe leider nur noch so ungefähr fünf schrumpelige Rüben und ´ne Tube Senf da. Ich hoffe das macht dir nichts aus?" „Natürlich nicht", behauptete Lilly tapfer, „ich habe einen Wolfs-Hunger!" und biss zum Beweis kräftig ab und versuchte anschließend das Gesicht nicht allzu sehr zu verziehen. „Vielleicht noch etwas Senf dazu?" Lilly stöhnte, ein fast unhörbares „nein" verlies kläglich ihren Mund. Danach schütteten sich beide vor Lachen aus. Diese Besuche bei Oma waren aber auch wirklich mit Abstand die besten.

Ijosch, der Schmuse-Igel

Ijosch war der älteste Sohn von Stachel, dem Igel, und Ijonka, seiner Frau. Schon früh hatte er ein herrliches, hartes Stachelkleid ausgebildet, so dass es für die ganze Familie eine reine Freude war solch einen prächtigen Igel zu ihrer Familie dazugehörig zu wissen.

Doch Ijosch verhielt sich gar nicht so wie man es von ihm erwartete.

Anstatt die Stacheln aufzustellen und ordentlich zu zischen, statt Insekten zu futtern und sich zu behaupten, war er ein ganz ausgesprochener Schmuser, der am allerliebsten wirklich *ständig* mit denen, die er mochte, geschmust hätte. In der Kinderstube hatte sich dies bereits ange-deutet, nun aber war es doch zu einem ge-wissen Problem angewachsen. Seine harten Stacheln zog er dabei ein, drückte sie möglichst flach an den Leib, um auf zärtliche Tuchfühlung mit anderen Tieren gehen zu können ohne diese jedoch dabei zu verletzen. Allerdings: So sehr er sich auch bemühte- ganz ohne Blessuren gingen diese Schmuse-Attacken leider dennoch nicht ab. Verständlicherweise gingen ihm daher eine ganze Anzahl von Tieren bereits aus dem Weg. Zwar tat ihnen Ijosch leid, sie mochten ihn ja - aber immer diese Verletzungen... Das war den meisten dann doch zuviel. Einige, die sogar menschliche Hilfe benötigten, um ihre kleinen Wunden zu heilen, waren zu *Lukas aus dem Wald* gekommen. „Lukas aus dem Wald" war in der gesamten Tierwelt im Umkreis ein fest- stehender Begriff und zugleich eine ehrliche Empfehlung. Gab es doch weit und breit keinen Menschen, bei dem man sich als tierischer Patient wohler fühlen konnte als eben bei Lukas. Durch Ijosch ging ihm nun die Arbeit überhaupt nicht mehr aus. Vermehrte Stachelverletzungen bei Kleinsttieren waren an der Tagesordnung, aus reiner Neugierde, nicht etwa weil er sich verletzt hätte, suchte Ijosch an einem Tag, an welchem er hierfür genug Mut gesammelt hatte, diesen Lukas auf. „Was fehlt Dir denn eigentlich?", wollte Lukas wissen, während er ihn ganz behutsam von allen Seiten betrachtete - gerade so, als erwarte er ernsthaft eine Antwort. Und dieser Junge sollte den Tieren helfen können? Ijosch hatte da berechtigte

Zweifel. Sicherheitshalber zischte er zwei Mal laut, so dass Lukas gleich mal hören sollte, mit wem er es hier eigentlich zu tun hatte. Durch die Aufregung plumpste er auf den Rücken. „Was für einen schönen, weichen Bauch Du hast", stellte Lukas begeistert fest. „Ich vermute, dass Du genau dort eine leichte Massage brauchen könntest!" Wie so oft wusste Lukas einfach, was die Tiere, die zu ihm kamen, brauchten. Und ganz behutsam bekam Ijosch auf diese Weise die lang ersehnten Streicheleinheiten ohne jemanden zu verletzen. „Dieser Lukas ist nicht schlecht", dachte er sich. „Da werde ich jetzt einfach mal öfter bei dem vorbeikommen! Eine Schweigepflicht wird er ja auch haben. Muss ja nicht gerade jeder wissen!" Bisschen peinlich wär' ihm das sonst gewesen. Auf seinen Ruf musste man ja immerhin trotz allem achten. Daran war nichts zu rütteln. Danach stolzierte er stolz und äußerst zufrieden durch den Wald, die Stacheln imposant gespreizt. Ja, auch ein kleiner Igel, und vor allem dazu ein verschmuster wie Ijosch, weiß sich, das ist nicht zu leugnen, gelegentlich durchaus zu helfen.

Jakow und Kolja

Niemand kannte Kolja länger als Jakow.

Höchstens vielleicht noch Koljas Eltern, doch das zählte nicht so recht, weil sie nie die Chance hatten ihn so richtig kennenzulernen. Der Wind hatte ihn zu Jakow getragen, noch bevor er selbst überhaupt fliegen konnte. Das war nicht so weit gewesen wie es sich vielleicht anhören mag. Ganz in der Nähe seines Nestes hatte Jakow den Kleinen gefunden, behutsam aufgehoben und zu sich nach Hause gebracht.

Koljas Eltern waren Rabenfängern in die Hände gefallen, und auch der alte Jakow hatte jetzt am nahendem Ende seiner Tage niemanden mehr auf der Welt, so dass er ganz froh darüber war nun für jemanden sorgen zu können. Dies machte er auch richtig gut. Er nannte Kolja einen „Glücksraben", um damit ganz entschlossen dem entgegenzuwirken, was man in Russland zu dieser Zeit über Raben dachte. Man machte sie nämlich für jedes Unglück, welches den einen oder anderen zuweilen ereilte, verantwortlich. Jakow hatte auf so etwas noch nie etwas gegeben. Als ihm Frau und vier Kinder nach und nach in nur einem Winter weggestorben waren, hatte er noch nicht einmal den Herrgott dafür zur Verantwortung gezogen, von Raben einmal ganz zu schweigen. (Herrgott sagte man damals in Russland anstatt „Gott"). „Jakow wusste, dass es die Armut war, die solche Todesfälle nach sich zog. Nicht einmal einen Arzt hätten sie sich leisten können. Für arme Menschen wie Jakow und seine Familie endete das Leben häufig auf diese Weise. Er hatte sehr getrauert, sein Kopfkissen nass geweint und war ein ganzes

Jahr lang war er nicht unter Menschen, noch in die Natur hinausgegangen. Er verstand nicht warum er noch da war. Am liebsten wäre er damals mit seiner Familie weggegangen. Doch dann, irgendwann als er am allerwenigsten damit rechnete, war dieser Kolja in sein Leben geflattert. Winzig, schwarz und den ganzen Tag hungrig. Wenngleich er seine Familie schwer hatte ernähren können: Für einen so kleinen Vogel reichte es allemal. Er bekam unzählige Regenwürmer und Walderdbeeren, Körner und all das, was ihn groß und stark werden ließ.

Der Waldbauer gab Jakow, im Gegenzug zu dessen Schnitzereien Rahm und Honig, doch den brauchte Jakow meist für sich selbst.

Dafür bekam Kolja sonst alles andere. Auch Krumen vom Brot und was ebenso anfiel. Kolja wuchs prächtig heran, doch gab es etwas, vor dem er Angst hatte. Das war nicht irgendetwas, sondern es bezog sich auf etwas grundlegend Wichtiges: Kolja hatte nämlich Angst davor zu fliegen. Zunächst entschuldigte es Jakow damit, dass Kolja noch so klein war, dann mit dem

Umstand, dass er immerhin unsanft aus dem Nest gefallen war. Doch schließlich kratzte er sich vor lauter Sorgen am Hinterkopf, weil er nicht wusste was er tun sollte. Was, wenn Kolja niemals würde fliegen wollen? Seine Flügel waren vollkommen in Ordnung, daran lag es nicht. Jakow überlegte fieberhaft: „Was konnte man denn nur tun?" Um Kolja zu zeigen wie man flog, rannte er sogar über den Acker und begann dabei wild mit beiden Armen zu rudern.

Damit verscheuchte er allerdings nur ein kleines, hellgestreiftes Wildschwein, das sich schleunigst von der Lichtung machte.

Kolja beobachtete das ganze Geschehen ungerührt und regte sich nicht von der Stelle. Schließlich zeigte ihm Jakow die anderen Vögel. Viele Stunden verbrachte er mit dem kleinen Raben im Wald, zeigte ihm die Eulen und Vögel- doch ohne Erfolg. Jakow, der ein ausgesprochen begnadeter Schnitzer war, schnitzte Kolja sogar eine eigene Serie von Raben zunächst mit geschlossenen, dann mit weit ausgebreiteten Flügeln, zu pädagogischen Zwecken.

Kolja betrachtete sich diese kleinen Kunststücke durchaus interessiert, pickte sie ein wenig an, hier und dort, wetzte auch seinen Schnabel an einer der größeren Figuren. Fliegen jedoch tat er nicht. Jakow dachte nach bis ihm eine Idee kam. Daraufhin, nachdem ihm die Idee also gekommen war, tauschte Jakow die gesamten Schnitzereien gegen warme Hausschuhe bei der Waldbäuerin und eine Handvoll Nägel zum Ausbessern des Hauses bei ihrem Mann ein. Auf dem Rückweg brachte er Kolja, wie so oft, dessen geliebte Walderdbeeren mit.

Kolja begrüßte ihn bei seiner Heimkehr ganz stürmisch, setzte sich auf Jakows Schulter und knabberte ihm freundlich ein wenig am Ohr.

Wie sehr er diesen Vogel liebte! „Was soll ich denn nur mit Dir machen?" Jakow wusste ja selbst, dass er alt war. Immer würde er nicht für Kolja sorgen können. Einmal gab er sogar vor Hilfe zu brauchen.

Er ließ sich dramatisch zu Boden fallen und deutete mit verzerrtem Gesicht auf sein Bein.

„Hol Hilfe, Kolja!" Doch auch das brachte nicht den gewünschten Erfolg. Kolja blieb brav bei ihm sitzen, kuschelte sich ein wenig an seinen Handrücken und rührte sich, darüber hinaus, erneut keinen Deut von der Stelle.

Jakow seufzte und seufzte, doch auch vom Seufzen fiel ihm keine Lösung ein.

„Ich kann ihn ja nicht einfach vom Dach werfen, damit er endlich fliegt!" Sprach es und blickte zu dem Dach hinauf. So hoch war es im Grunde gar nicht, und das Gras stand hoch und dicht. Sollte er es wagen? Jakow nahm sich drei ganze Tage Zeit, überlegte hin und her, bis er schließlich zu dem Schluss kam, dass er es versuchen müsste. Um Koljas´ Willen! Denn wie sollte er später einmal ohne ihn zurechtkommen, wenn er nicht fliegen konnte? Jakow wusste, dass er sehr vorsichtig vorgehen musste, damit Kolja nicht witterte was er vorhatte. Immerhin war er ein kluger Rabe. Jakow nahm also sein Werkzeug in die Hand, band sich die kleine Tasche um, in der Kolja ihn zu begleiten pflegte, stieg auf das Dach und begann alte Schindeln auszubessern.

Kolja saß ahnungslos daneben, blickte ihn mit seinen frechen, dunklen Augen an und fühlte sich seines Lebens froh. Wie schön war es doch bei dem alten Jakow zu sein. Dieser hämmerte so vor sich hin, begann aber bald unter seiner Mütze zu schwitzen. Wie sollte er es denn nur anstellen? Sollte er Kolja denn nicht wenigstens ein bisschen vorwarnen? Nein! Es half nichts. Behutsam nahm er Kolja also auf, trug ihn zum Rande des Daches, versicherte sich, dass sein kleiner Rabe im Notfall weich fiele und warf den überraschten Vogel weit nach oben in die Luft. „Flieg, Kolja, das kannst Du!" Es fiel ihm schwer, und außerdem kam er sich wie ein Verräter vor. Kaum wagte er noch zu atmen als er zu seiner größten Freude sah wie Kolja seine Schwingen ausbreitete, flatterte, segelte, wackelte und – flog. Kolja flog! Jakow wischte sich verstohlen eine Träne aus dem Augenwinkel, dann musste er darauf achten selbst das Gleichgewicht zu halten. „Immerhin- *ich* alter Narr habe keine Flügel", brummte er. Derweil flog Kolja immer weiter und immer höher hinaus. „Ob er über- haupt zu mir zurückkommen wird?", begann sich Jakow zu fragen. „Vielleicht mag er mich nun gar nicht mehr, verübeln könnt´ ich´s ihm nicht." Doch da kam er schon auf das Dach zugeflogen, hielt auf Jakow zu, traute sich dann jedoch nicht dort zu landen, zog noch eine weitere Runde und landete weich im Gras.

Jakow machte so schnell er nur konnte, um vom Dach zu kommen. „Kolja", lobte er ihn! „Das hast Du ganz fein gemacht!" Kolja war selbst stolz auf sich. Das war nicht zu übersehen. Seine Augen glänzten, und sein Gefieder war zerzaust.

Von dieser Stunde an verging kein einziger Tag, an dem Kolja nicht geflogen wäre.

Seine Routen wurden immer ausgedehnter, die Ausflüge länger, die Flüge höher. Das, was ihm so lang Angst gemacht hatte war zu seiner größten Freude geworden. Von Jakow natürlich abgesehen. Zu ihm nämlich kehrte er immer wieder zurück, und das nicht wegen all der Regenwürmer und der Walderdbeeren. Nein, er kehrte zu Jakow zurück, weil dieser sein Freund war. „Einmal, Kolja", sprach Jakow, das war viele

Monate später, „werde ich auch fliegen können, glaub mir! Wenn meine Seele nämlich, zack zack, ganz schnell in den Himmel saust, so dass der Wind nur so vor Überraschung- pfeift." Wie er es sagte bemerkte er, dass er gar keine Angst vor diesem Tag hatte. Das musste er auch nicht. Zum einen nicht weil er sich sicher war dort wieder auf seine Familie zu treffen, aber das Ganze hatte noch einen ganz anderen Grund. Sie hatten noch nicht direkt darüber gesprochen, das heißt er hatte es Kolja noch nicht erzählt. Kolja selbst krächzte ja zumeist nur, obgleich Jakow sich sicher war, dass sein Rabe ihn ganz genau verstand. Wahre Freundschaft kommt zuweilen auch ganz ohne Worte aus.

Und so war sich Jakow sicher.

Sollte es bei ihm einmal so weit sein, würde Kolja ihn sicherlich ein ganzes Stück begleiten. Und das war doch was! „Aber jetzt machen wir das noch nicht, Kolja, oder? Jetzt essen wir erst mal in Ruhe unsere Walderdbeeren, vielleicht mit etwas Rahm oben drauf, und genießen den Tag!"

Kolja plusterte sich auf, legte den Kopf etwas schief und rieb ihn sanft an Jakows Hand.

Kolja, der die Seele des alten Jakow – doch das war viel, viel später - tatsächlich ein Stück begleitet hatte, wollte nun nicht mehr in dem leeren Haus bleiben.
Zudem verstörte es ihn, dass er nicht hatte mithalten können.
Zuerst hatte er genau gewusst wohin er Jakow folgen musste, zack zack war er ihm gefolgt, den pfeifenden Wind als Begleiter. Wunderbar war das gewesen. Doch dann ging es nicht mehr weiter, er hatte Jakow verloren.

Langsam war er zurückgeflogen ohne es eilig zu haben.
Langsam war plötzlich alles in diesem Haus.
Langsam und schwer.

Aus leeren Nestern und aus leeren Häusern, fand er, sollte man sich emporschwingen und weit, weit über das Land fliegen.

Zu Jakow konnte er ja nun nicht mehr. Niemand war da, für den er hätte bleiben wollen.

Eine kleine Weile blieb er noch in der Nähe – nur zur Sicherheit, falls sich Jakows Seele trotz seiner Hilfe verflogen hätte. Doch tief in sich wusste er, dass sich Seelen nicht verfliegen können. Sie wissen genau wo sie hingehören. So schnell wie sie gesaust war.

Daher gab er das Warten auf und tat das, was er am besten konnte und das, was auch Jakow am meisten gefreut hätte.

Kolja wusste mit einem Mal genau was zu tun war. Und so ließ sich Kolja vom Wind tragen. Er flog so weit wie er noch nie zuvor geflogen war, ließ die Rabenfänger hinter sich und fühlte sich mit einem Mal so frei wie man sich überhaupt nur fühlen konnte. Bereits jetzt wusste er, dass es den Weg zurück nicht mehr geben würde.

„Flieg, Kolja!", hörte er in seiner Erinnerung den alten Jakow.

Das tat er! Und wie er flog. Kolja machte kaum Pause, er flog bei Wind und Wetter, kämpfte erfolgreich gegen Trockenheit und Hitze, ja, sogar gegen Schneestürme an.

Ein ganzes Jahr war er unterwegs.

Dann spürte er, dass seine Kräfte nachließen,

und dass die Zeit des Reisens hier vorbei war. Das Waldstück, welches er gerade überflog, sollte seine neue Heimat werden. Kolja drehte eine letzte kleine Runde über der Lichtung, dann ließ er sich auf der neuen Erde nieder.

Es klingt nach einem eher unwahrscheinlichen Zufall, vielleicht war es auch kein Zufall.

Doch landen tat auch er in Lukas' Wald.

Manchmal denke ich, dass so etwas kein Zufall sein kann. Dann kommt mir in den Sinn, dass auf eine Weise alles miteinander zusammenhängt. Auf eine Art, die wir noch nicht begreifen können. Noch am gleichen Tag fand er Lukas' Haus. Es war von innen hell erleuchtet und voller Menschen. Kolja durchzuckte so etwas wie Heimweh, als er dieses Haus sah. Hell, warm, und doch nicht seines. Von drinnen drangen Stimmen zu ihm heraus. Kolja beschloss in der Nähe zu bleiben und einfach einmal abzuwarten. Man konnte ja nie wissen. Und diese vielen Stimmen aus dem Haus klangen freundlich. Das war doch was, fand er. In der Nacht sah er Jakows liebes, altes Gesicht ganz deutlich vor sich.

Rosamunde, das Junischweinchen

Rosamunde war ein Junischweinchen. Sie war in der Nacht auf den ersten Juni geboren worden, um fünf Uhr früh, um genau zu sein. Rosamunde war außergewöhnlich schön, so dass der Bauer beschloss, dass aus ihr zu Weihnachten kein Braten werden sollte. Vielmehr wollte er auf Ausstellungen ein wenig mit ihr angeben, was man ja immerhin verstehen kann, wenn man bedenkt, dass das Leben eines Bauern stets von harter Arbeit geprägt ist. So eine kleine Abwechslung ab und an würde ihm sicherlich gut tun. Niemand konnte ihm das verübeln.

Rosamunde hatte ganz lange Wimpern und dadurch einen geradezu atemberaubenden Augenaufschlag. Wenn sie dann auch noch ihr Kränzchen aus Junigras trug, dann waren sich alle Juroren einig, dass dieses Schweinchen keinen geringeren als den ersten Platz (No 1) verdient habe. Niemand wusste natürlich, dass Rosamunde privat sehr viel lieber dunkle Sonnenbrillen und Rocker-Klamotten trug. Das behielt sie für sich. Nur mit dem Augenaufschlag und dem Junikränzchen konnte es etwas werden mit ihrer Karriere. Und eine solche wollte Rosamunde unbedingt! Es gab nämlich etwas, was sie der Welt mitteilen wollte. Das ging nur auf diesem Weg, da war sie sich sicher. Man bildete sie auf Plakaten ab, Bilder von ihr tauchten im Internet auf und verbreiteten sich in der ganzen Welt. Der komplette Jahres - Umsatz an bunten Junikränzen und Parfüm, das verblüffend nach Juni-Gras roch, wurde zu so einer solch erfolgreichen Wachstumsbranche, dass man durchaus von einem echten „Boom" sprechen konnte. Alle wollten so schön sein wie Rosamunde. Auch die Aktien von Rouge und spezieller Wimperntusche stiegen beträchtlich. Besonders die Frauen wollten ihrem koketten Augenaufschlag das gewisse Etwas verleihen und ihrem Teint in Punkto Rosigkeit ein wenig nachhelfen. Der Bauer eröffnete in Rosamundes Namen sogar einen eigenen Internet-Account. Auch dort brach sie mit ihren zahlreichen Anhängern sofort sämtliche Rekorde. Kurzum: Rosamunde war aufgestiegen und zu einem international gefeierten Star geworden. Zwar hieß sie mittlerweile, der Einfachheit halber, nur noch „Rose" (auch weil es internationaler klang) doch handelte es sich ganz unverkennbar um sie, um Rosamunde, das Junischweinchen. Sie wurde natürlich zu allen wichtigen Presse-terminen mitgenommen, präsentiert, und von zahlreichen, renommierten, exaltierten und zumeist äußerst aufgeregten Fotografen und Fotografinnen gar professionell ausgeleuchtet und abgelichtet. Sie musste auch Autogramme geben, indem ihre kleine Sauklaue in ein rotes Stempelkissen gedrückt wurde, so dass sie kleine rote Stempel auf den Autogrammkarten hinterlassen konnte, was ganz besonders von den U.S.- amerikanischen und argentinischen Fans sehr geschätzt wurde. Rose reiste nach Mailand, Buenos Aires, Brasilia, London, Paris, Rom, Tokio und Moskau, nach Stockholm, Düsseldorf, Reykjavik, Mainz, Kopenhagen und Amsterdam. Madrid und St. Petersburg standen ebenfalls auf ihrer Reiseliste. Rose jedoch hasste Büffets. Wenn sie Würste oder Steaks dort entdeckte quiekte sie, gar nicht damenhaft, stapfte auf und verließ empört den Raum. Nur Soja kam für sie in Frage. Das war ja wohl klar! Selbstverständlich reiste Rose immer erster Klasse, man wollte die Strapazen für sie gering halten. Immerhin befürchtete man zu viel Umtrieb und ständige Aufregung könnten ihrer Schönheit schaden. Man hatte nicht bedacht, dass solcherlei Bemühungen nicht ausreichten, denn Rose war, wie jedes Lebewesen auf dieser Erde, dem Altern unterworfen. Schweinchen haben eine weitaus geringere Lebenszeit als Menschen, sogar dann, wenn sie bedauer- licherweise nicht schon frühzeitig als Braten enden. So verging auch die Schönheit der einst so gefeierten Rose. Alsbald, es war nun mit ihrem Tod zu rechnen, und der Bauer hatte ihr aus diesem Grund einen besonders prachtvollen Kranz aus Junigras anfertigen lassen, hatte sie nur noch den Wunsch zuhause zu sterben. Rose konnte zwar nicht sprechen, doch der Bauer verstand sie auch ohne Worte. Man begann ihn aus diesem Grund für etwas schrullig zu halten, doch da er mittlerweile, dank Rose, ein reicher Mann war, billigte man ihm eine gewisse Verschrobenheit zu. Und so wunderte es auch niemanden, als er nach ihrem Tod verlauten ließ, es sei Rosamundes alias Roses eindeutiger und allerdringlichster Wunsch an ihn gewesen die Schweinezucht aufzugeben und in das Soja-Geschäft einzusteigen. Da der Bauer ein Mann der Tat war, hielt er sich an diesen Wunsch und baute in kurzer Zeit ein Soja-Imperium auf, das seinesgleichen suchte. Er dehnte das gesamte Verkaufsgebiet sogar bis nach Asien aus, was ungewöhnlich ist, da Asien ja im Grunde bereits über genug Soja-Produkte verfügte. Doch reiste er persönlich durch China, Japan und Korea um seine ganz persönlichen Soja-Rezepte im Sinne von Rose weiterzugeben. In Asien wurde er freundlich und neugierig empfangen. Man fand ihn etwas wunderlich, aber das störte auch dort niemanden. Dass er das Herz auf dem richtigen Fleck hatte, daran jedenfalls konnte es keinerlei Zweifel geben. Und seine Soja-Produkte! Oha, sie kamen mehr als gut an! Aber wen wundert das? Er bereiste nacheinander alle Kontinente. Das Rezeptbuch trug er immer bei sich. Und in jedem Land lernte auch er etwas Neues hinzu, so dass seine eigenen Rezepte, was auf der Hand lag, immer besser und besser wurden. Seine Soja-Produkte schmeckten den Menschen weltweit, so dass mit der Zeit immer weniger Schweinchen geschlachtet wurden. Besonders die Soja-Reihe „Rose", eine enorm delikate, zudem handverlesene, in sich voll abgerundete Mischung aus verschiedenen, mit allen der wichtigen Juni-Kräutern und edelsten Gewürzen versehenen pflanzlichen Detoxsojawürstchen, wurde zum erklärten, ja zum unumstößlichen, First Class Publikumsliebling. Wie viele Leben genau dadurch insgesamt gerettet werden konnten ist nicht bekannt. Doch jedes einzelne, da bin ich mir sicher, zählt.

Faul wie Bienen

Milda und Toni waren geradezu legendär faule Bienen. Aus dem Bienenstock hatte man sie aus diesem Grund bereits ausgeschlossen. Nun lungerten sie den lieben langen Tag auf Blüten herum und fraßen sich dabei so voll, dass sie nicht einmal mehr richtig fliegen konnten. Doch das juckte sie überhaupt nicht. Solange sie es wenigstens noch zur nächsten leckeren Blüte schafften, war alles für sie geritzt. „Diese Streber", schimpften sie gereizt auf die anderen Bienen. Und auch sonst klang das, was sie über sie sprachen, nicht besonders schmeichelhaft. Den anderen Bienen war das aber selbstverständlich egal. Sie gingen ihrer Arbeit nach und kümmerten sich nicht um die beiden faulen Vielfresser. Der Bienenstock gedieh und wurde zu einer wahren Pracht. Währenddessen jedoch wurden Milda und Toni immer fauler und fauler, immer dicker und dicker und noch missgelaunt obendrein. Vermutlich wäre das wohl immer so weitergegangen, wenn nicht ein Angriff von Wespen auf den Bienenstock gedroht hätte. Milda und Toni waren zufällig Zeugen dieses Plans geworden. Mit letzter Kraft schleppten sie ihre plumpen Körper zurück zum Bienenstock, um ihre ehemalige Familie zu warnen. Man glaubte ihnen, wusste aber nicht wie man die Eingänge am besten vor den Feinden schützen sollte. In Bienensprache (die ein Tanz ist) forderten sie Milda und Toni daher zunächst einmal höflich auf doch hereinzukommen, so dass man im Inneren des Stocks weitere Unter-redungen würde führen können. Man war durchaus nicht abgeneigt die beiden wieder aufzunehmen. Unglücklicherweise – oder vielleicht eher doch glücklicherweise, blieben beide mit ihren mächtigen Hinterteilen im

Eingang stecken wie große, fette Korken. Die Wespen hatten somit keinen Zugang zu dem mit Honig prall gefüllten Bienenstock und mussten ihren Angriff prompt abblasen. „Na,- seht ihr!", triumphierte Milda, „Faulheit kann ab und an auch etwas für sich haben, da staunt ihr!" Auch Toni war sehr stolz auf die entscheidende, wichtige Rolle, die ihm in dieser brenzligen Situation zugefallen war und setzte ein recht - selbstgefälliges Gesicht auf. Die anderen Bienen ignorierten das dezent und höflich. Milda und Toni wurden auf Diät gesetzt. Wie lange es jedoch dauerte bis der Bienenstock wieder einen freien Eingang hatte, kann ich nicht sagen. Doch einige Tage und Nächte hat es ganz bestimmt gedauert, ganz bestimmt. Gepasst hat ihnen das nicht, soviel steht fest. Immerhin- gefeiert hat man sie dann schließlich doch. Wie so ein Bienenfest aussieht kann ich Euch verraten. Erst einmal. Als ein Zuckerschlecken kann man es nicht unbedingt bezeichnen. Im Gegenteil. Bei Bienen läuft alles nach einem straffen Plan ab, da gibt es keine halben Sachen. Für etwas individualistischere Charaktere wie

Milda und Toni war das nicht unbedingt angenehm. Beim Bienentanz gerieten sie aus dem
Takt, und dann zogen sie sich zu allem Überfluss
auch noch den Spott der anderen zu, da sie
immer noch etwas dicker waren als die
gewöhnlichen Bienen. „Hummeln" hatte man
sie genannt, was beide, ehrlich gesagt, ziemlich
nervte. Beim Bienenfest gab es allerdings auch
feinen Nektar und überhaupt Köstlichkeiten, die
weder Milda noch Toni verachteten.

Also machten sie gute Miene zu all dem und
waren, wie immer, hin- und hergerissen. So eine
große Bienen-Familie hatte ja durchaus etwas
für sich.

Nur diese ständige Kontrolle. Aber sie wären
nicht Milda und Toni, wenn ihnen nicht immer
einmal etwas eingefallen wäre, um diese Regeln
zu umgehen. Allerdings gingen sie jetzt viel
vorsichtiger vor. Ausgeschlossen werden war
doch nicht so toll, fand Toni. Und Milda stimmte
ihm langsam zu. Sie war etwas faul, und die
Dinge dauerten etwas länger bei ihr. Aber dann,
irgendwo zwischen einem Nektar und einer

Pusteblume, nickte sie dann schließlich doch. „Ich will mal nicht so sein!" Das war ganz gut so, wie ich finde. Was meinst Du?

Gerda, die Eule

So viel möchte ich an dieser Stelle gar nicht über Gerda berichten. Ich stelle sie Euch nur jetzt schon einmal vor, da sie im nächsten Kapitel eine wichtige Rolle spielen wird. Da kann es, finde ich, nicht schaden sie bereits einmal gesehen zu haben, damit man dann nicht vollkommen überrascht ist, wenn sie so plötzlich mitten in der Nacht auftaucht. Das tut sie nämlich. Und dann, immerhin, wisst Ihr schon Bescheid. Ihr könnt Euch auf sie freuen. Gerda ist eine ganz wunderbare Eule und Freundin. Sie kann sich in den Träumen anderer Menschen und Tiere verirren. Aber auch das ist nichts, wovor man Angst haben müsste. Im Gegenteil. Bei schlechten Träumen greift sie schnell ein und wendet die Sache entweder zum Guten, oder aber sie bricht den Traum ab. Vielleicht könnte man sie daher sogar als eine Art „Traumhelferin" bezeichnen. Nur wie sie genau in den Träumen landet, das kann sie nicht so gut planen. Ich finde aber, dass es andererseits auch gut und sogar etwas beruhigend ist, dass man im Leben nicht alles planen kann. Sonst wäre das Leben doch nicht mehr so lebendig. Findet ihr nicht auch? Klar, auf manche Überraschung im Leben könnte man immerhin verzichten, das gebe ich zu. Und Gerda habe ich Euch ja auch zur Sicherheit bereits jetzt schon vorgestellt.

Vielleicht macht es einfach die Mischung aus beidem. Könnte ich mir jedenfalls vorstellen.

Von Gerda geht es nun quer durch den Wald, es ist gar nicht so weit entfernt, zu Foxy Brown.

Foxy Brown

Zunächst geht es in dieser Geschichte noch gar nicht um Gerda, sondern um Foxy Brown. Foxy Brown war ein Fuchs, so blitzgescheit wie man selten einen gesehenen hat- und das, obwohl man mit Füchsen ja eigentlich genau das Gescheite, Kluge verbindet. Doch das war alles nichts im Vergleich mit dem, was Foxy Brown so draufhatte. Zum Beispiel konnte er sowohl das kleine als auch das große 1X1 im Schlaf. Wozu braucht ein Fuchs das kleine oder gar das große 1X1? Das werdet Ihr Euch vielleicht fragen. Und das ist so ziemlich der Punkt bei der Sache: Foxy Brown fragte sich nämlich genau das selbst. „Sinnloses Wissen", dachte er nur verächtlich, schnaubte empört und legte sich vor lauter Ärger gleich nochmal eine gemütliche Runde schlafen. Im Schlaf verstand er hingegen noch ganz anderes. Fast schon unheimlich: Er kannte sich mit Astronomie und Alchimie aus, zudem mit der Sprache der Menschen. Wenn er das im wachen Zustand bloß gewusst hätte! Nur das mit dem Rechnen hatte sich den Weg auch in sein waches Be-wusstsein gebahnt. So vieles sonst wusste er nicht über sich. „Was soll ich denn nur damit?", fragte sich Foxy wiederholt. „Pffffm das 1x1.

Immerhin bin ich ein Fuchs, oder etwa nicht?"

Er beneidete die anderen Tiere wie Rocky, den Waschbären, oder Fenja, er dachte an den Ruhm von Rosamunde, die Freiheit von Igor und Natascha, die Weisheit der Eule Gerda oder weiterer Tiere, von deren Abenteuern er schon oft gehört hatte, und die er daher für weitaus interessanter hielt als sich selbst. Tatsächlich wirkte Foxy Brown auf den ersten Blick nicht so besonders spannend, zumindest nicht von außen, da er ja, meistens jedenfalls, schlief. Foxy Brown konnte es sich einfach überall bequem machen, um zu schlafen. Hierzu brauchte er noch nicht einmal seinen Fuchsbau. Was dann aber alles so in seinem Kopf passierte, während er schlief, vom kleinen und großen Einmaleins ganz abgesehen, das konnte sich durchaus sehen lassen. Foxy gelang es nämlich sich all diese Tiere für eine Weile auszuleihen, sie in seine Träume mitzunehmen und dort all das zu erleben, was ihm sonst nicht vergönnt war. Das alles hatte mit einer Zahl zu tun. Er musste die jeweiligen Tiere mit sich selbst multiplizieren. Also ein Hase mit sich selber mal genommen.

Das braucht ihr nicht zu verstehen. Es ist ein wenig kompliziert. Nur so gelang es ihm jedenfalls sie in seinen Träumen zu haben, ohne dass ihr Fehlen irgendjemandem aufgefallen wäre. Das hätte nämlich alles vollkommen und ganz hoffnungslos zerstreut und durcheinandergeworfen. Mit diesen höchst empfindlichen Dingen darf man nicht einfach so herumspielen. Aber auch das ist ein bisschen kompliziert.

Zerbrecht Euch nicht den Kopf darüber. Ich erwähne es ja auch eigentlich nur, damit Ihr seht, dass wir manchmal in unseren Träumen auf Reisen gehen, obwohl wir doch schlafen. An manche Träume kann man sich recht gut erinnern, an andere wiederum nicht. Tiere, zumindest hat man mir das erzählt, können sich meist nicht sehr lange an ihre Träume erinnern. Aber nicht weil sie weniger klug wären als wir Menschen. Bei Tieren hat das andere Gründe, und ich hoffe, dass ich diese noch herausfinden werde. Dann kann ich Euch auch davon berichten. Aber wieder zurück zu Foxy Brown und den Tieren.

Die meisten Tiere bemerkten nichts von ihren nächtlichen Reisen. Foxy Brown wusste es beim Aufwachen ja nicht einmal mehr selbst. Manche fühlten sich am nächsten Tag einfach nur zerschlagen, müde und klagten darüber zu viel und zu wild geträumt zu haben. Andere hatten das Gefühl etwas Tolles erlebt zu haben.

Sie fühlten sich gut, wussten aber nicht genau warum eigentlich. Doch Gerda, die Eule, (ihr wisst ja nun wen ich meine), diese freundliche Eule, die sowieso die Gabe besaß sich wiederum durch einen ganz besonderen Flügelschlag in fremde Träume zu verirren, mischte Foxy Brown ganz gehörig auf. Ohne dass dieser das geahnt hätte, denn das mit dem Multiplizieren funktionierte ebenso lässig mitten im Schlaf wie das Träumen. Daher wusste er also auch nichts von seinem spannenden, verborgenen Leben.

Gerda, die Eule, hingegen wusste genau was Foxy in den Nächten – oder auch sonst, (da er ja eben meistens schlief), so träumte. Gerda welche so häufig im Kreis um Lukas´ Haus geflogen war, dass ihr, was bei Eulen nur selten vorkommt, mit einem Mal ganz schwindelig geworden war, hatte soeben den Flügelschlag ausgeführt, der eine ähnliche Auswirkung nach sich zog wie die Zahlen in Foxys Traum. Dadurch hatte sie für eine kurze, doch bedeutende Weile, die Orientierung verloren und nicht mehr gewusst wo sie hinflog. Gelandet war sie schließlich in Foxy Browns Traum, wo sie sich vor Erschöpfung erst einmal auf den Boden legen musste, um die müden Flügel ein wenig auszuruhen und um sich ein wenig zu sortieren. Foxy lag neben ihr im Gras und begann ihr alle Sternbilder zu erklären. In dieser Nacht lernte sie die Milchstraße kennen und den großen Wagen. Kassiopeia sah sie, den kleinen Bären, Kepheus und Andromeda. Der kluge Fuchs Foxy Brown erzählte Gerda etwas, das sie zuerst zutiefst verwunderte. „All diese Sternbilder", so versicherte er ihr nämlich, „gehören im Grunde überhaupt gar nicht zusammen. Sie wirken nur auf uns, als ob sie zusammengehörten." Gerda konnte das zuerst gar nicht glauben. Doch der Fuchs nickte bekräftigend. „Doch", sagte er und fügte hinzu „oft sind sie sogar sehr weit voneinander entfernt." Gar nicht sehr weit voneinander entfernt, hallte es in Gerdas Kopf nach, denn im Traum hört man nur das heraus, was einem wichtig ist. Außerdem fand sie, dass sie eben doch zusammengehörten – und dass es auf den rechten Blickwinkel ankam. Doch ohne den Fuchs wäre ihr das nicht eingefallen. Manche Begegnungen helfen einem weiter, wenn man sich vorher umsonst den Kopf zerbrochen hat. Unter ihrem gefiederten Kopf braute sich nun allerhand Mysteriöses zusammen und verdichtete sich in dem, was man im Allgemeinen als die schon legendäre, die große, in vielen Jahrhunderten gewachsene wirkliche Weisheit der echten Eulen bezeichnen konnte. Gemeinsam nun mit der Weisheit der Füchse, eine beinahe unschlagbare Mischung, wie man sich das sicherlich unschwer vorzustellen vermag. Gerda, die nun gespannt, fast wie hypnotisiert, in den von Sternen erhellten Himmel blickte, dachte darüber nach, dass offenbar Vieles nicht so war wie man auf den ersten Blick meinen konnte. Etwas, was sie bisher nie bedacht hatte.

Zugegeben: Ihr Nacken wurde durch das lange Liegen etwas steif, doch das, soviel wusste sie bereits, musste man in Kauf nehmen, wenn man seine Blickrichtung einmal für eine Weile ändern wollte. Und so lernte auch Gerda das Sehen. Die Kunst des Sehens – so könnte man es wohl auch nennen. Denn mit der Zeit wird man immer besser darin, wie bei allem, das man oft und gern macht. Lohnen tat sich das allemal. Die Eule spürte das mit der Klugheit der Tiere, so dass Gerda, als sie so unbeschwert unter dem freien, leuchtenden Sternenhimmel lag, und als der Fuchs sich zufrieden und faul neben ihr räkelte, beschloss sie, sich nun öfter einmal in ausge-rechnet Foxy Browns Träume verirren würde. Niemand sonst wusste so viel über die Sterne und in der Nacht sah sein Fell rötlicher aus als sonst. Auch das gefiel ihr. Sehr sogar. Die Träume mit ihm waren die Schönsten. Alles war noch viel heller und intensiver als sonst. Die Sterne leuchteten wie Feuerwerkskörper – eine Pracht kann ich Euch sagen! Gerda konnte gar nicht genug davon bekommen. Sie übte den Trick mit den Flügeln jetzt regelmäßig.

Leicht war es nicht, doch es lohnte sich ebenso sehr wie der steife Nacken vom in die Luft starren. Gerda war Foxy überaus dankbar dafür, dass er ihre Welt erweitert hatte. Im Gegenzug erzählte sie ihm davon, was er während seiner Träume so alles auf die Beine stellte. Er sei, das stellte sie ganz klar fest, einer der mit Abstand hochinteressantesten und famosesten Füchse, mit denen sie jemals das Vergnügen gehabt habe die Sterne zu betrachten. Ohne Frage hörte Foxy Brown das gern. Vor Freude machte er sich ein bisschen größer. Oft genug ist es ja so, dass uns oft andere erst das sagen müssen, was wir doch selbst erkennen sollten.

Aber, wie ihr seht, geht das eben offenbar nicht immer. Noch nicht einmal bei Foxy Brown. Und der konnte doch immerhin das kleine und das große 1X1 im Schlaf. Deswegen haben wir, das glaube ich zumindest, im Leben einander. Das sollten wir, wie ich finde, niemals vergessen.

Ob wir nun wach sind oder träumen, ob wir ganz allein sind oder einen Freund an unserer Seite haben. Wenn wir es trotzdem mal vergessen sollten: Ein Blick in die Sterne wird die meisten von uns sofort wieder daran erinnern.

Viel später, als Luna, Gerdas Tochter geboren war, erinnerte sie sich dieser Nächte mit Foxy Brown. Sie wagte es nicht darüber zu sprechen, dass sie Luna bereits gesehen hatte- und das lange bevor sie zu ihr gekommen war. Gewiß, Foxy Brown hätte sie wohl verstanden. Doch reichte ihr das mit dem fremden Träumen bereits bei Weitem aus. Noch mehr Mysteriöses wollte sie zu diesem Zeitpunkt ihres Lebens nicht noch mit sich herumtragen. Vor allem als Luna geboren war, gab es so vieles anderes zu tun. Wie jede Mutter war sie bald Tag und Nacht mit der Aufzucht der kleinen Luna beschäftigt.

Mehr gibt es an dieser Stelle daher nicht zu sagen. Meist war Gerda an den Abenden und in den Nächten erschöpft.

Doch ab und an ließ sie sich es dennoch nicht nehmen auf eine kleine Stippvisite zu ihrem alten Freund Foxy zu kommen, sich in seinen Träumen zu verirren und gemeinsam mit ihm die Sterne zu betrachten. Nicht mehr die ganze Nacht. Das ging nun nicht mehr. Aber doch zumindest für eine kleine Weile.

Das Hippie-Hörnchen

In Lukas´ Wald gab es ein Eichhörnchen, dass ich „Angie" nannte, manchmal auch das „Hippie-Hörnchen". Wundert Euch nicht. Auf dem Bild trägt sie (ich nenne es: „sie", weil es, wie ich mir vorstelle, ein weibliches Hörnchen ist) wilde Kleider und eine Haartracht die einem normalen Eichhörnchen keineswegs entspricht. Klar, so würde in freier Wildbahn natürlich absolut kein Hörnchen herumlaufen. Auch sonst natürlich nicht. Nur in meinem Kopf. Da ist sie einfach absolut hip. Der Grund ist der, dass dieses Bild Angie so zeigt wie ich sie mir vorstelle - nicht so wie sie „wirklich" ist. Ich muss Euch auch gestehen, dass die Sterne gar nicht so stark und hell leuchteten wie auf dem Bild, das Gerda und Foxy Brown zeigt. Meine eigene Phantasie hat da ganz ordentlich nachgeholfen. Wenn ihr also auf einigen der Bilder Goldstaub, Glitzer und besonders helle Sterne seht: Das war ich selbst und dies ist wohl manchmal der Unterschied zwischen der Realität und dem hellen Reich der Phantasie. Natürlich könnte es, rein theoretisch auch andersherum sein.

So etwas liegt in der Natur der Dinge.

Manchmal denke ich zwar, dass es ohnehin gar keinen so großen Unterschied zwischen unserer Phantasie und der Wirklichkeit gibt, aber das ist eine andere Geschichte. Bleiben wir in dieser hier bei Angie. Sie feierte so vor sich hin. Und das beinahe ohne Unterlass. Der Grund warum ich sie mir so wie einen glitzernden, winzigen kleinen Hippie vorstelle ist der, dass sie ständig tanzte. Sie tanzte nicht weil sie Nüsse suchte, nein. Sie tanzte, weil es ihr einfach gefiel! Und sie feierte das Leben. Natürlich fand das nicht jedem im Wald Anklang. Auch in der Tierwelt wird man gelegentlich schief von der Seite angesehen wenn man etwas anders ist als der Rest. „Angie" machte das aber offenbar nicht gerade viel aus. Einige der Maulwürfe machten sich über sie lustig. Der Schlimmste von allen war, ich sage es frei heraus: Artur Arturowitsch. Niemand fürchtete Gewitter mehr als er.

Und auch sonst war er ziemlich ängstlich. Doch einmal, Angie war gerade wieder einmal am Tanzen, versuchte er es heimlich selbst.

Selbstverständlich in der Hoffnung, dabei von niemandem gesehen zu werden. Er setzte das rechte Bein vor, dann das linke, drehte sich ein wenig und verbeugte sich dann vorsichtig und höflich nach allen vier Himmelsrichtungen.

Tatsächlich fühlte er sich danach mit einem Schlag deutlich besser. Angie applaudierte ihm begeistert. Das hätte sie von diesem Maulwurf nämlich nicht erwartet. Sie hörte gar nicht mehr damit auf ihm ihre Begeisterung zu zeigen. Nicht so wie Menschen das tun. Tiere haben da ihre eigenen Stil- wie bei allem anderen auch. Er wurde ein ganz klein bisschen rot, was man bei Maulwürfen allerdings kaum sieht, und versuchte sich danach gleich weiter im Tanzen. Über Angie gelästert hat er hernach nie wieder. Und Angie hat ihm nichts nachgetragen.

Man darf nämlich, und das ist ein offenes Geheimnis, nicht allzu sehr bepackt sein wenn man unbeschwert tanzen möchte. Mittlerweile glaube ich, dass es im Leben das ist, worauf es wirklich ankommt. Ich finde, Du könntest es ruhig selbst auch mal ausprobieren.

Wenn Du willst, fange damit in Deinem Kopf an.
Das geht, glaub´ mir! Und Spaß macht es auch!
Artur kann das bestätigen.

Sascha und die Baba Jaga

Die Baba Jaga, so nennt man in Russland Hexen, hatte sich auf ihren langen Wanderungen durch Sibirien gründlich verirrt. Ich kann es nicht beweisen, doch glaube ich, dass sie gar keine echte Baba Jaga war sondern nur ein grantiges altes Weib, das zu sehr von sich überzeugt war.

Eine echte Baba Jaga nämlich hätte sich niemals, nicht einmal, und vor allem nicht in Sibirien verirren können. Doch diese Baba Jaga hier konnte noch nicht einmal fliegen, geschweige denn das Wetter behexen, und etwas zu Essen konnte sie sich auch nicht besorgen. Sogar bei den Beeren wäre sie ein paarmal ausgerechnet auf die besonders giftigen hereingefallen, wenn da nicht, wie vom Himmel geschickt ein schnee-weißer Polarfuchs gewesen wäre, der sie schlau durch eine Art Tanz abgelenkt und von dem giftigen Busch weggelockt hätte. Die Alte wusste nicht, dass ihr der Fuchs mit seiner Klugheit das

Leben gerettet hatte. Stattdessen brummte sie vor sich hin: „Genauso blöde wie mein Sascha, genau so blöd!" Sascha war früher einmal ihr Ehemann gewesen. Blöd war auch dieser Sascha nicht gewesen, ganz im Gegenteil. Der einzig grobe Fehler, den er jemals begangen hatte, war es in seiner Jugend auf die Baba Jaga hereingefallen zu sein. Sie war einst nicht gerade unansehnlich gewesen und konnte ganz besonders saftige Krapfen, Hefekringel und Fischaufläufe backen. Doch als sie immer giftiger, boshafter, zänkischer, grimmiger und launischer wurde, da packte der Sascha sein Bündel, ließ der Baba Jaga Haus und Hof und wollte nur noch seine Freiheit und seinen Seelenfrieden zurück. Blöd war also auch dieser Sascha mit Sicherheit nicht gewesen. Die Baba Jaga, deren Kopf von Hass und schlechter Laune jedoch ohnehin ständig vernebelt war, hatte seither kein gutes Haar mehr an ihm gelassen. „Sascha" war für sie nun ein Schimpfwort, und, dumm und undankbar wie sie war, nannte sie jetzt auch den klugen, hilfsbereiten, wunderschönen, weißen Schnee-fuchs „Sascha".

Damit wollte sie ihn natürlich beleidigen. Doch ihr wisst es besser und kennt ja nun durch meine Erzählung den echten Sascha. Und der war, das kann ich euch versichern, ein wirklich feiner Kerl gewesen. Hatte dem Teufelsbraten sogar Haus und Hof gelassen, und kein böses Wort über sie war je über seine Lippen gekommen. So anständig und klug war dieser Sascha. Und somit konnte die Baba Jaga natürlich auch Sascha, dem Schneefuchs, mit diesem Namen gar nichts anhaben. Sascha, der Fuchs, war Menschen in dieser Gegend nicht gewohnt. Er konnte die alte Frau nicht recht einschätzen, doch war ihm einmal, vor vielen Jahren, ein Mensch zur Hilfe gekommen, als sich seine Vorderpfote in einer Schlingfalle verfangen hatte. Seither war Sascha Menschen gegenüber grundsätzlich positiv gesinnt, was, wie sich noch herausstellen wird, durchaus auch einen recht nachteiligen Effekt haben kann. Zunächst spürte er, dass diese alte Frau ohne seine Hilfe nicht weit kommen würde. Sie wirkte schwächlich, hungrig und müde. Tiere denken da nicht, wie wir Menschen, darüber nach. Vielmehr handeln sie, weil sie es spüren. So lockte er die Baba Jaga mit einem frisch gefangenen kleinen Marder, den er zwischen den Zähnen hielt, hinter sich her. Er kannte nämlich einen Unterschlupf, den früher einmal ein Jäger genutzt hatte. Dort gab es auch einen Feuerplatz, so dass er der alten Frau den Marder überlassen konnte. Sie sah tatsächlich so aus als bräuchte sie weitaus dringender eine Mahlzeit als er. Für Sascha war es nicht schwer sich etwas zu erbeuten. Er war noch jung und sehr klug, zudem außerordentlich ausdauernd. Wie er es sich vorgestellt hatte passierte es auch. Die Baba Jaga folgte ihm gierig, den Blick auf den Marder in seinem Maul gerichtet. Sie stolperte beinahe fünf Kilometer hinter ihm her, bis er sie schließlich sicher zu dem geschützten ehemaligen Jagdverschlag geführt hatte. In dem hölzernen, sehr stabilen Jagdverschlag fanden sich zudem, säuberlich aufgeschichtet, sogar noch genug Brennholz und Geschirr, eine Laterne, eine volle Schachtel mit Streichhölzern, Kerzen, ein Schlafsack und viele Jagddecken, Felle, sowie Überreste von Malzkaffee und Honig in einem fein verschlossenen dicken Glastopf, der in eine Decke eingewickelt war. Daneben stand ein ähnliches Glas mit Resten von eingelegten Rüben. Sogar zwei Tüten mit Salz waren vorhanden und etwas Pfeffer, ein eingemachtes Glas mit Gurken und eines mit Beeren. Nicht viel, aber immerhin. In einer der Kannen würde man Schnee schmelzen können. Sie würde sich Essen und Trinken zubereiten können – und beides auch noch warm.

Ja, also wenn die Baba Jaga jetzt nicht zufrieden war! Offenbar war sie das auch: „Hey, Sascha", nölte sie, „du bist ja irgendwie doch zu was gut."

Sie grinste zufrieden vor sich hin. „Bleib doch ein bisschen hier sitzen, dann kann ich mich an deinem schönen, dichten Pelz wärmen." Sascha verstand zwar nicht was sie mit ihrem fast zahnlosen Mund da brabbelte, doch am Tonfall hörte er, dass er offenbar willkommen war und eingeladen ein wenig mit der Baba Jaga am Feuer zu sitzen. Mit gönnerhafter Geste reichte sie ihm ein kleines Fetzchen des eben gegrillten Marders, über das sich Sascha hermachte.

Es war ein wahrlich langer, kalter Tag gewesen, und er hatte Hunger. „So", mit einem Ruck riss sie ihn jetzt an sich und presste ihn an ihren dürren, knochigen Körper.

„Und jetzt kannst du mich ein bisschen wärmen, schönes Füchslein." Das gefiel Sascha nicht gerade besonders, denn der Griff der Alten war eisern. Jetzt wo sie sich mit Marderfleisch und honigsüßem Malzkaffee gestärkt hatte, waren ihre Kräfte beachtlich.

Da Sascha jedoch außerordentlich gutmütig war und auch immer noch deutlich den freundlichen Menschen von einst, der, der ihn gerettet hatte, im Kopf hatte, wehrte er sich nicht und wärmte mit seinem Körper den knochigen Körper der Baba Jaga. Obwohl sie wirklich sehr mager war, gab sie, das musste Sascha zugeben, auch ein bisschen Wärme ab, und so tat er etwas, das eigentlich ganz und gar nicht typisch für einen wilden, sibirischen Fuchs ist: Er blieb bei ihr. Sie wurden ein gutes Team. Er bewahrte sie ständig vor den Gefahren des Lebens und schaffte stets das Essen heran.

Während sie eifrig Reisig sammelte, das Essen bereitete, Feuer machte, taute mit der Kanne Schnee zu Wasser und wärmte ihn in den eisigen Nächten, so wie er sie wärmte. Er war, wie es Füchsen ja auch nachgesagt wird, sehr schlau, so dass die Baba Jaga und er viele Tage in dem Verschlag hausen konnten, ohne dass einer von ihnen unter Hunger, Durst oder Kälte zu leiden hatte.

„Du schlaues Füchslein", gurrte sie nun oft. „Oh Du listiges, schlaues Füchslein!"

Offenbar war sie mit Sascha recht zufrieden, und Sascha hatte nichts dagegen. Was er nicht wusste war, dass die Alte begann ihn auszunutzen und Pläne zu schmieden wie sie von ihm noch mehr profitieren könnte. Sie konnte den Hals eben, wie immer, einfach nicht voll genug bekommen.

Da er sehr klug war, verwechselte sie das mit verschlagen. Sie wollte ihn zu einem Dieb abrichten, und so in der großen, goldenen Stadt, in die zurückzukehren sie beabsichtigte, reich werden. Hühner und Küken sollte er ihr aus Ställen stehlen, Schmuck, Münzen und schöne Stoffe aus Wohnungen. Ihrer Phantasie waren keine Grenzen gesetzt. Doch die Baba Jaga irrte sich, wenn sie dachte, dass Sascha, nur weil er klug und gutmütig war, zu einem Dieb getaugt hätte.

Seine Klugheit hatte er lediglich eingesetzt, um sich und die Baba Jaga vor dem Hungertod zu bewahren. Sie, die eine böse und durchtriebene Frau war, konnte nicht begreifen, dass es einen

Unterschied gab, ob jemand klug und schlau oder einfach nur durchtrieben und abgebrüht war. Da sie selbst eine äußerst durchtriebene und durchaus abgebrühte Person war, sah sie diese Eigenschaft automatisch in jeder anderen Kreatur auf Russlands schöner Erde. Auch das liegt in der Natur des Menschen. Sie sehen das, was sie selbst sind, oft übergroß im Anderen.

Sehen ist dabei nicht das richtige Wort.

Sie sehen es nämlich nicht wirklich. Vielmehr „sehen" sie es in die Menschen oder Kreaturen hinein, die ihnen zu begegnen das Pech oder das Glück haben. Im Fall der Baba Jaga handelte es sich eindeutig um Pech. Sascha hatte kein großes Glück in der Wahl seiner Begleiterin gehabt und durchaus kein großes Geschick in der Auswahl derselben bewiesen. Doch auch das begründet sich auf genau dem gleichen Sachverhalt. Da Sascha gutmütig war, und er zudem bereits schon einmal die rettende

Bekanntschaft eines hilfsbereiten Menschen gemacht hatte, sah er die Baba Jaga sehr viel positiver als sie eigentlich war. Selbst als sie ihn hinterrücks in den alten, speckigen Schlafsack steckte, hinter sich herzog und hoffte baldmöglichst mit ihm in die nächste große Stadt zu kommen, wo er als Dieb für sie arbeiten sollte, wehrte er sich nicht. Viele Kilometer schleifte sie ihn quer durch den Schnee. Er hörte sie enorm schwer keuchen und schimpfen, sah nichts und roch nur den feucht- muffigen Geruch, den das Innere des Schlafsackes in sich trug und wusste nicht recht wie ihm geschah, sein Körper wurde mal nach rechts, dann wieder nach links geworfen, je nachdem wo die Baba Jaga entlang lief.

Mit einem Mal ging es nicht mehr weiter.

Er hörte auch keine Geräusche mehr. Sascha tastete sich langsam nach vorn. Die faltige Hand, die den Schlafsack zugehalten hatte, so dass er nicht entkommen konnte, lag nun, wie die gesamte Baba Jaga, mit dem Gesicht nach vorn steif und wortlos im Schnee. Vorsichtig beschnupperte Sascha sie. Sie gab keinen Laut von sich und bewegte sich nicht.

Er wusste nicht was er tun sollte. Natürlich war er ein kluges Tier, doch auch bei klugen Tieren kommt es vor, dass sie nicht mehr weiterwissen. So war es bei Sascha in diesem Augenblick.

Die Baba Jaga lag dort, mitten im Schnee, die Sonne im Nacken, denn noch war es taghell. Ein feiner, pudriger Schneestaub legte sich auf die Welt, doch der Himmel war so blau wie es nur ein Himmel in Sibirien sein konnte. Sascha schmiegte sich mit seinem Körper um ihren Kopf, wohl um sie zu wärmen. So blieb er eine Weile dort bei ihr, sein prachtvoller Pelz hob sich für das Auge kaum vom Schnee ab, und doch war er um einiges wärmer. Als sie sich jedoch selbst dann immer noch nicht bewegte, und der Schnee sie und den alten Schlafsack immer mehr unter sich begrub, als es kälter, dunkler, unwirtlicher und beißender wurde, erhob sich Sascha und lief mit seinen schmalen Beinen und seinem schönen weißen Pelz direkt in seinen Fuchsbau. Ein, zwei magere Mäuse konnte er sich noch zum Abendessen fangen, dann jedoch zog er sich zurück. Die Nacht, welche er seit längerer Zeit erstmals wieder völlig allein verbrachte, erschien ihm ein klein wenig kälter zu sein als sonst, doch das machte ihm nichts aus. In seinem Fuchsbau war es warm genug. Am nächsten Morgen lief er unverzüglich genau zu der Stelle zurück, an der er die Baba Jaga zurückgelassen hatte. Sie lag noch immer dort, doch konnte man sie nun kaum noch mit bloßem Auge sehen. Der Schnee hatte sie nun beinahe vollkommen unter sich begraben. Beinahe. Ganz war er noch nicht mit seinem Wehen fertig, der Schnee. Doch weit war er gekommen. Der Wind half ihm dabei.

Lediglich ein Teil ihres Haares lugte noch unter Mütze und Schnee hervor, das war alles. Sascha saß noch eine Weile bei ihr und passte auf sie auf. Dort habe ich ihn gefunden. Es war ein solch einprägsames, berührendes Bild. Wie er dort saß, die beiden Vorderpfoten fein ordentlich nebeneinander in den kalten Schnee gestellt. Dieser treue Fuchs Sascha, der die alte, erfrorene Frau bewachte, obwohl diese nicht gerade nett gewesen war. Die Sonne schien besonders hell an diesem Tag, und das Glitzern des Schnees ließ alles für einen Augenblick noch unwirklicher erscheinen als es ohnehin war. Unvermittelt nahm ich ein Weiblein wahr, das aus dem Nichts gekommen zu sein schien. Ich blinzelte, und als ich die Augen wieder öffnete war es verschwunden. Nur das hübsche Schnee-Füchslein und die tote Frau im Schnee waren übrig geblieben, die Kälte und die Sonne dazu. Ihre Strahlen erzeugten kleine Irrlichter und wieder glaubte ich zu träumen. Erneut sah ich aus dem Nichts dieses kleine Weiblein ruhig vor mir stehen. Wieder verschwand es, nachdem ich geblinzelt hatte.

Doch ihre Fußspuren waren noch sehr deutlich im Schnee zu erkennen, was mich schließlich vollends verwirrte. Das Weiblein war mir sofort ziemlich bekannt vorgekommen. Ich hatte es irgendwo schon einmal gesehen, in einem Buch vielleicht – oder doch zumindest schon von ihm gehört. Und so dachte ich für einen winzigen Moment, es sei mir hier nun gerade tatsächlich ganz höchstpersönlich erschienen:

Das Russenweiblein Olga, welches ich bisher für eine reine Legende gehalten hatte. Der alten Erzählung nach hatte das Russenweiblein Olga alle dadurch versöhnt, indem es sagte, dass die Sonne gleichermaßen auf jeden schiene. Es war wirklich nicht so leicht sie zu beschreiben. Klein war sie wohl. Das fiel sofort auf, und um die Beine hatte sie eine Art Verband gewickelt, doch denke ich, dass das wegen der Kälte war. Eine Art selbstgemachte Strumpfhose, über der sie einen hellen Rock trug. Ihr Gesicht war alterslos, das heißt, man wusste wohl, dass sie alt sein musste, vom Gefühl her, dennoch wirkte sie jung, war gänzlich ohne Falten mit rosigen Wangen in einem sehr runden, ausgesprochen freundlichen Gesicht, welches sanft von weißen Haaren eingerahmt war. Nochmals betonte sie das mit der Sonne. Es aus ihrem Mund zu hören war nochmal ganz anders. Es traf mich, auf eine gute Weise, mitten ins Herz. Sie sah es mir wohl an, war aber zu taktvoll, um näher darauf einzugehen. Vielmehr lächelte sie mich einfach recht aufmunternd an. Dann verabschiedete sich das Russenweiblein Olga höflich und war schnell verschwunden. Bereits damals, und ich war noch sehr jung, war mir das sehr weise erschienen. Jetzt, da ich etwas älter bin, sogar noch mehr. „Lauf in den Wald, mein Füchslein", ermunterte ich Sascha. Dieser ließ sich nicht lange bitten. Er steckte seine kleine Schnauze in die Luft, wohl um eine ganz genaue Witterung aufzunehmen, streifte beim Vorbeigehen beinahe liebevoll mein Bein, verhoffte, sah sich noch ein letztes Mal nach mir und der Frau im Schnee um, dann verschwand er elegant mit wenigen Sätzen hinter einem Dickicht. Ich blieb ein wenig ratlos zurück und bemühte mich zunächst darum meinen wirren Kopf zu ordnen.

Der eisige, sibirische Winter kann den eigenen Gedanken tatsächlich den einen oder anderen Streich spielen. Man kann sich das vom warmen Lesesessel aus gar nicht so richtig vorstellen.

Da sausen irre, klirrende Schneegeister um einen herum, mächtige weiße Baumriesen verstellen einem den Weg und aus dem hohen Schnee erheben sich zuweilen Gestalten, die man noch nie zuvor gesehen hat. Manche von ihnen vielleicht ein wenig erschreckend, fremd und unwirklich andere wiederum wunderschön.

Oft konnte man sich nicht darauf verlassen ob das, was man sah, nur ein Trugbild war.

Doch das mit der Baba Jaga ist wahr. Das hier, das war, trotz aller sonstiger Zweifel, real. Hier lag jemand dessen Tod unbedingt gemeldet werden musste, und das möglichst bald. Ich trank den letzten Schluck heißen Kräutertees aus meiner Thermoskanne und bewegte meine Füße in den schweren, klobigen Schuhen ein wenig. Durch die mächtige, beinahe zornige, überwältigende Kälte konnte ich sie kaum noch spüren. Ich wartete noch ein bisschen, bis das Blut wieder in ihnen war, und ich mir sicher sein konnte wieder gut laufen zu können. Dann machte ich mich auf den Weg in die Stadt. Ich musste immerhin den Tod der Baba Jaga melden, wobei ich mir unsicherer war denn je, ob das eine wahre Baba Jaga sein konnte.

Je mehr ich so darüber nachdachte, umso unwahrscheinlicher erschien es mir nämlich.

Niemals wäre dies einer echten, wahren Baba Jaga zugestoßen. Sie erfrieren nicht im Schnee, sie fallen nicht vor Erschöpfung tot um, sie verirren sich auch nicht im Wald. Selbst, und vor allem nicht, in Sibirien. Unmöglich! Da war ich mir sicher. Und während ich mir noch überlegte was die alte Baba Jaga nun gekonnt oder nicht gekonnt hatte, wer sie gewesen war oder nicht: Eines hatte sie jeder echten Hexe, jeder echten Baba Jaga voraus. Sie hatte in ihrem langen Leben nämlich das große, vielleicht unverdiente Glück gehabt am Ende ihres Lebens ausgerechnet noch den wundervollen Sascha kennengelernt zu haben. Freundlich war sie nie gewesen. Und doch war Sascha bei ihr.

Einen klügeren und lieberen Schneefuchs sucht man in ganz Sibirien vergebens. Wer weiß.

Vielleicht war es ein unverdientes Glück.

Möglicherweise aber auch ein Geschenk.

Rocky- Eine Bonus-Geschichte

Rocky war ein Waschbär auf Reisen.

Geboren war er in den Vereinigten Staaten von Amerika, doch quer über den Atlantischen Ozean, Italien, Österreich, die gesamte Schweiz und schließlich Deutschland, (in dem er sich durch die Anhäufung einiger Zufälle, in welcher auch Schiffe, Züge, Flugzeuge und ein einsamer Amerikaner eine nicht unerhebliche Rolle gespielt hatten, mittlerweile bereits seit Monaten befand), zog es ihn nach Russland. Schwer zu erklären war das. Mancher hätte wohl eher vermutet, dass es Rocky wieder in seine alte Heimat gezogen hätte oder aber, dass er wenigstens bei Mia geblieben wäre, seiner menschlichen Freundin, auf die er während dieser Reise getroffen war. Doch wie von selbst drängte er nach Russland, drängte ihn etwas nach Russland, wohl wie ein geheimer Wunsch, eine Sehnsucht, von der er nichts Genaueres wusste. Als trüge er einen geheimen inneren Kompass in sich fuhr er als blinder Passagier mit Fähre, Schiff und Eisbrecher nach Skandinavien, überquerte die Grenze nach Russland und war schließlich dort. Nun ist das so eine Sache mit den Wünschen, die man so hat. Kaum war er da, wusste er eigentlich gar nicht mehr warum es ihn immerzu gerade hierhin gezogen hatte. Zugegebenermaßen war es äußerst schön, oft atemberaubend, beeindruckend und all das.

Gar keine Frage. Doch wenn er es sich so recht überlegte, so war es *überall* schön gewesen. Er dachte an die riesigen Bäume und die rötliche Erde seiner Heimat, an die vielen lieblichen italienischen Dörfchen, die grünen Wiesen in Österreich, die Schweizer Berge. Rocky dachte sehnsüchtig an Mia, seine gute Freundin aus Deutschland, mit der er unter Birken an einem kleinen Bach gesessen hatte, an den glitzernden Schnee in Finnland, die dunklen, kurzen Tage in Schweden, die trotz der Dunkelheit etwas ganz Besonderes gewesen waren. Rocky fühlte sich etwas ratlos, und da tat er was er immer getan hatte. Er lief und lief und lief. Manchmal hüpfte er flink auf einen Zug, das war eine seiner leichtesten Übungen. Einmal erklomm Rocky namentlich sogar den weltbekannten Trans-Sibirien-Express, um weiterzukommen und zugleich Kräfte zu sparen, ließ sich von den fürsorglichen Fahrgästen in Ruhe durchfüttern, wich jeder Person mit Schaffner-Kleidung aus, und schlug sich so bis Novosibirsk durch. Dort traf er auf einen gut genährten Mann mit Hundestaffel, der ihn ein weiteres Stück des Weges mitnahm. In dieser Gegend fand es Rocky recht kalt, bitterkalt sogar, doch da er sich immerzu in Bewegung hielt, konnten ihm selbst die extrem niedrigen Temperaturen nichts anhaben. Auch wohl deshalb weil er immer auf sehr hilfreiche Menschen traf. Einem allerdings musste er auf die Schnelle entkommen. Wie es aussah hatte dieser offenbar geplant Rocky zu einer warmen Fellmütze zu verarbeiten. Es war ein Wilderer wie sie leider überall auf dieser Welt vorkommen – zum Leidwesen der Tiere. Auch Rockys Glück stand kurz auf der Neige. Der Wilderer hatte nicht vor ihn wieder entkommen zu lassen. Allerdings hatte er seine Rechnung ohne den Waschbären gemacht. Rocky war geschickt, zäh und schnell und konnte dem Wilderer gerade noch rechtzeitig entkommen. Dieser hatte schon ein feines Netz über ihn geworfen, doch eh´ sich einer versah, war der schlaue Rocky ohne Umwege geradewegs darunter durchgeschlüpft und in der weißen, kalten Wand, welche der Schnee hier zuweilen bildete, untergetaucht. Das laute, böse Fluchen des Wilderers hörte er zwar noch, gekümmert hat es ihn freilich wenig. Solcherlei unschöne Begegnungen blieben zum Glück eine seltene Ausnahme. Rocky lief und lief und lief. Das Unterwegssein war das, worauf es für ihn am allermeisten ankam. *Unterwegs-Sein.* Wohin war gar nicht mehr so wichtig. Während er lief, dachte er an das, was hinter ihm lag und das, was er immer bei sich trug. So wie Mia. Er lief, rannte, humpelte, ruhte, raste, trottete und lief wieder, überquerte schließlich die Grenze zu Alaska, wurde wieder gefüttert, gestreichelt (na so was aber, ausgerechnet! Dabei war er doch keineswegs ein Schoß- Hündchen), in Hunde-schlitten mitgenommen und in Iglus zum Übernachten eingeladen. Dann lief er weiter und weiter. Es wurde wärmer und die Erde zunehmend röter. Rocky, der rastlose Waschbär, war mittlerweile alt geworden. Doch alt hin oder her: Die rote Farbe der Erde, die seine Heimat auszeichnete, hätte er immer wieder erkannt. „Die Erde ist rund, und rund war mein Weg!" Nun war er schließlich also wieder genau dort, wo alles angefangen hatte. Zufrieden legte er sich hin, um eine Runde zu schlafen. Die zahlreichen Bilder seiner langen Reise begleiteten ihn. Noch einmal träumte er vom wilden Ozean und von den hohen Bergen, vom glitzernden Schnee in Finnland und von dem weiten Himmel in Russland. Nun war die jahrelange Unruhe von ihm gewichen. Verpasst hatte er nichts in seinem Waschbären –Leben. Nur etwas gab es, das er bedauerte. Und das war, dass er nicht mehr Zeit mit Mia verbracht hatte. Er nahm sich vor von ihr zu träumen. Wenigstens das. Und was sich Rocky nun einmal vornahm...Ihr wisst schon, das wird immer was.

Rainbow

Wo der Regenbogen beginnt und wo er endet –
ich denke einmal, dass das der kleine Kobold
„Rainbow", wissen könnte, den es in der vergangenen Woche, mitsamt eines sehr heftigen
Gewitters, direkt aus Irland hierher verschlagen
hat. Nach einer Legende sind es die Kobolde, die
am Ende eines jeden Regenbogens sitzen und
dort ihr Gold verwahren. Ich fragte ihn sehr
höflich danach. Man weiß ja, dass Kobolde nur
dann mit jemandem sprechen, wenn man sich
ihnen höflich und voller Respekt nähert.

Vermutlich haben sie schon einige schlechte Erfahrungen mit all jenen gemacht, die sie wegen ihrer Körpergröße verspottet hatten — oder aber, die hinter ihrem Gold her gewesen waren. Ich gehörte allerdings zu keiner dieser beiden Kategorien, was der Kobold offenbar spürte, denn er nannte mir sogleich seinen Namen, zeigte sich überdies sehr freundlich und beteuerte, dass er mir sogar etwas zu Trinken anböte, wenn er nur nicht so weit von zuhause weg- und somit ohne eine solche Möglichkeit wäre. Tatsächlich besaß er offenkundig nichts außer den Kleidern, die er am Leib trug. Ein feines, weißes Hemd mit grünem Frack aus Samt, ein edler, grüner und rundlicher Hut, der in Irland vermutlich noch immer schwer in Mode war. Sehr ordentlich, das war nicht zu leugnen, doch trug er kein Gold oder sonst etwas mit sich. Überdies war er noch kleiner als ich von einem Kobold erwartet hätte, so dass, selbst wenn er Gold bei sich gehalten hätte, es wohl kaum mehr als einige winzige Krümelchen hätten sein können. Was mich, aufgrund der eigenen Erfahrung, dass es nun wirklich nicht das Materielle ist, was uns Menschen auf Dauer richtig glücklich machen kann, ohnehin also weitaus mehr (sogar brennend) interessierte als materieller Besitz, war eben die komplizierte Frage, *wo* der Regenbogen beginnt und wo er endet.

In der Schule hatte ich hierfür zwar als Kind eine einigermaßen plausible und auch vernünftige Antwort bekommen, doch wollte es etwas in mir noch ein bisschen genauer wissen, so dass ich die Gelegenheit, die sich mir bot, auf keinen Fall an mir vorbeiziehen lassen konnte. Also fragte ich ihn frei heraus. Es schien mir als sei gerade er ein etwas anderer Kobold. Einer, dem etwas Anders wichtig war als Gold. Vielleicht auch wegen seines Namens. Ich hätte, um ehrlich zu sein, nicht erwartet, dass er mir, einem Fremden ein solch großes, wichtiges Geheimnis anvertrauen würde noch ohne wenigstens etwas mit mir getrunken oder gegessen zu haben. Er kannte noch nicht einmal meinen Namen. Doch offenbar hatte mich meine respektvolle Höflichkeit ihm gegenüber recht weit gebracht, so dass er mich offenbar für würdig hielt um nun auch an diesem Wissen Anteil nehmen zu können.

„Der Regenbogen", antwortete er ganz feierlich, „beginnt mit allen seinen Farben genau dort, wo man anfängt zu hoffen, und er endet dort wo man damit aufhört."

Noch bevor ich ihn fragen konnte was er damit denn genau meinte, war er samt seinem feinem weißem Hemdchen und grünem Frack aus Samt, dem Hut obendrein, spurlos verschwunden. Ich kann mir denken warum.

Er wollte wohl, dass ich selbst darüber nach-denke.

Liebling

In Russland, weit von der großen Stadt Moskau entfernt, gab es einen Bauernhof, zu dem, wie bei jedem Hof zu dieser Zeit, ein Wachhund gehörte.

Hunde hatten damals keine Namen, d.h. vermutlich hatten sie schon welche, doch das wusste niemand, und es interessierte auch die wenigsten.

Sie wurden *Hund* genannt oder, im besten Fall, „Wächter", denn das war ja ihre Aufgabe: Den Hof bewachen.

Er lebte auch nicht im Haus bei der Familie, sondern in einer kleinen Hundehütte, die vor dem Haupthaus des Hofes stand.

Nicht nur in Russland, sondern, besonders zu diesen Zeiten, fast überall auf der Welt.

Es gab noch etwas, das es zu dieser Zeit leider sehr oft gab- und noch immer gibt: Kinder, die oft geschlagen wurden (und, ich finde kaum Worte dafür, bis heute geschlagen werden).

In jeder Zeit auf dieser Welt hat es solche Schicksale gegeben, hatte es sich leichter oder schwerer gestaltet. Manches ist heute sicherlich leichter als früher; anderes dann auch wieder nicht, und vieles hat sich leider bis heute nicht geändert.

In Russland, eben in jener Hundehütte, fand sich bei dem Hund „Wächter" ein kleiner, schmaler, etwa achtjähriger Junge, namens Aljosha. Es war der einzige Platz, an dem er sich sicher fühlte.

Aljosha wusste, dass Wächter ihm nie etwas tun würde. Es beruhigte ihn, bei ihm in der Hütte zu sitzen und sich ganz dicht an sein warmes Fell zu pressen.

Er liebte es Wächters Atmen durch das leichte Heben und Senken seiner warmen Flanke wahrzunehmen. Manchmal saß Wächter draußen, vor seiner Hütte, und Aljoscha drinnen.

Dann hatte er mehr Platz und war trotzdem in Sicherheit. Wächter hätte niemanden zu Aljosha vordringen lassen.

Doch wenn Wächter bei ihm in der Hütte war, gefiel es ihm auch. Es war dann zwar manchmal ein wenig eng, doch das machte nichts. Wächter war sein Freund, und mit Freunden rückt man gern ein wenig zusammen.

Zudem fühlte er sich bei ihm so sicher wie man

es nur sein konnte. Aljoshas Vater, Vadim, war es, vor dem sich der Junge versteckte. So lange er sich erinnern konnte war er stets zu Wächter gelaufen, der ihn geschützt hatte. Nur in manchen Nächten hatte er in seinem eigenen Bett geschlafen, wobei er in diesen Nächten ohne Wächter kaum ein Auge zu bekommen hatte.

Manchmal ging er in das Haupthaus um sich zu waschen oder um etwas Essbares zu besorgen.

Sein älterer Bruder Viktor und seine Schwester Irina brachten ihnen beiden heimlich, und wann immer sie nur konnten, Vorräte vorbei. Sie mussten dabei besonders vorsichtig sein, da sie den Zorn und den Stock des Vaters fürchteten.

Weitere, ältere Geschwister hatten den Hof längst verlassen. Hier war kein Ort an dem man bleiben wollte.

Im Herbst packte er das Häuschen mit allerlei Schichten aus Hölzern ein um es etwas wärmer zu machen. Im Winter trug er viele Schichten von Kleidung übereinander. Die Hütte war dann mit alten, schon ziemlich stockigen Daunendecken ausgekleidet. Er wärmte sich stets an

Wächter. Dennoch glaubte er manche der besonders kalten Nächte nicht zu überleben. Wie durch ein Wunder gelang es jedoch, so dass es immer wieder einen neuen Morgen für ihn und Wächter gab. Aljosha fror lieber als dass er es gewagt hätte länger im Haupthaus zu bleiben als er musste.

Zu seiner Erleichterung schienen seine Eltern ihn ab und an geradezu vergessen zu haben.

Sonntags allerdings musste er mit ihnen zur Kirche fahren. Er setzte sich ganz hinten auf die Kutsche, weit weg von seinem Vater Vadim, der die Peitsche auf die geschundenen Rücken der armen, dürren Zugpferde knallen ließ.

Manchmal brachte Aljosha eine kleine Wärmelampe und Holzwolle mit zur Hundehütte, doch musste er immer sehr aufpassen, damit kein Feuer ausbrach. Es war ein Überlebenskampf.

Trotz dieser schwierigen Bedingungen aber war Aljosha zufrieden. Er hatte Wächter.

Das war mehr als es viele andere Kinder von sich behaupten konnten.

Als der Frühling kam, und sie die Daunendecke verstauen konnten, gab es endlich wieder mehr

Luft und mehr Platz in der Hätte. Aljosha war erleichtert. Wie jeden Tag legte er beide Arme um den warmen Hals von Wächter und legte seinen Kopf daran um sich ein wenig sicherer zu fühlen. Das half. Meistens jedenfalls. Allerdings gab es auch zaghafte Blicke in die Zukunft. Im vergangenen Winter war er ein großes Stück gewachsen. Normalerweise bedeutete so etwas ja zumeist etwas Gutes. In Aljoshas Fall konnte man das allerdings nicht so eindeutig sagen.

So langsam begann sich Aljosha wirklich Sorgen zu machen.

Er würde eben nun einmal ohne Zweifel jeden Tag ein bisschen älter und größer. Bald würde er weder in der Hundehütte Platz haben, noch wäre er zugleich groß genug, um weggehen zu können.

Während der Tage, an denen Aljoshas Vater besonders laut randalierte, und sogar der sonst immer so ruhige Wächter vor lauter Nervosität ein wenig zu knurren begann, wuchs in Aljosha die Verzweiflung.

Er hatte das Gefühl, dass sich etwas Schlimmes zusammenbrauen würde.

Etwas, das ihn zerstören würde, wenn er keinen Platz mehr in Wächters Hütte, und damit keinen Schutz mehr hätte.

Eines Tages dann, Aljosha hatte sich in der Hütte so klein wie möglich gemacht, stand mit einem Mal sein tobender Vater mit einem Stock vor der Hütte und brüllte seinen Namen.

Er hatte wieder einmal einen seinen furchtbaren Anfälle, deren Ursache niemand kannte.

Manchmal vermutete Aljosha, dass es vom Trinken kommen konnte, doch sicher war er sich nicht. Er klammerte sich am Holz der Hütte fest, zog sich einen Splitter in die Hand und bemerkte es vor lauter Angst nicht einmal.

Wächter bellte laut und fletschte die Zähne. Aljosha schossen die Tränen in die Augen, als er sah, dass sein Vater nun versuchte mit dem Stock nach Wächter zu schlagen. Dieser wich den Hieben trotz der schweren Hundekette, die um seinen Hals lag, aus. Er knurrte und duckte sich zum Angriff- dann biss er Aljoshas tobenden Vater in den Arm. Noch lauter lamentierend, lief dieser in Richtung Haus und kam mit einem Gewehr zurück. Aljosha löste mit zitternden

Händen die Hundekette von Wächters Hals. „Lauf weg, Wächter!", bettelte er ihn weinend und mit klappernden Zähnen an. Er wusste nämlich genau, dass sein Vater Wächter sonst erschießen würde, Doch Wächter blieb bei ich. Da löste sich ein Schuss, das Geräusch war Ohren betäubend.

Aljosha hielt sich die Ohren zu und weinte lautlos. Mit einem Mal fühlte er Wächters Nase an seinem Gesicht. Wächter lebte! Doch sein Vater lag reglos im Hof. Offenbar hatte sich der Schuss frühzeitig gelöst und ihn nun selbst getroffen. Mit leeren Augen lag er auf dem Rücken mit einem Blick, der nichts mehr sah, mit einem Mund, der nicht mehr tobte. Es war ruhig geworden.

Noch immer weinend, lief Aljosha ins Haus um Hilfe zu holen doch war da niemand. Es waren wohl alle auf dem Feld oder im Wald, um Holz zu holen.

Ohnehin wäre jede Hilfe bei Vadim zu spät gekommen. Die toten Augen sahen den Himmel über ihm noch immer nicht- und würden ihn auch nie wieder sehen. Nicht mal von innen. Da war sich der Junge sicher. So packte sich Aljosha also hastig einen Rucksack mit Broten und Kleidern, Futter für Wächter und zog mit ihm von zuhause fort.

Wächter war der erste Hund Russlands, der etwas von der Welt zu sehen bekam, und auch der erste, der einen richtigen Namen bekam, nämlich: „Liebling- Moi Ljubimjez!"

Auf Kyrillisch, wie man in Russland schreibt, sieht das auf dem Papier etwas anders aus, aber das macht ja nichts.

Vor allem hatten weder Aljosha noch sein treuer Freund jemals ein Blatt Papier beschrieben oder gelesen. Manchmal ist das nicht wichtig. Häufig natürlich schon, doch bei den beiden galten andere Dinge. *„Liebling"*. So nannte ihn Aljosha nun. Auf Russisch ist das schwer auszusprechen, aber es klang ebenso schön wie ein solches Wort in jeder Sprache dieser Welt klingt.

Sie zogen durch Wälder und Felder. In Dörfern schenkte man ihnen zu essen, ab und an half Aljosha ein wenig auf den unterschiedlichen Höfen aus. Er wirkte nun älter als er war. Das Wandern und Umherziehen mit „Liebling" hatte ihn gekräftigt. Noch immer war dieser auch ein Wächter, aber auf eine vollkommen neue Art.

Manchmal noch, wenn sie abends zur Ruhe kamen und beieinander unter dem großen, weiten Himmel saßen bevor sie einschliefen, dachten sie beide an die Zeit in der Hundehütte zurück.

Immer wenn sie das taten, wurde ihnen erst so richtig bewusst wie frei sie nun waren.

Milo, der traurige Kater

Milo war ein ziemlich trauriger Kater. Jedenfalls in letzter Zeit.
Ein bisschen sah er dabei so aus wie eine Flickenpuppe, die ausgerechnet jemand hastig zusammengenäht hatte, der nicht gerade viel davon verstand.

Ein Flickenkater, um genau zu sein. Zwischen seinem dunklen Fell sah man kahle Stellen, was sich niemand so richtig erklären konnte, und es schien so als gäbe es dort, an den Übergängen hin zu den Fellstücken, nur notdürftige, grob gehaltene Stiche, was seinem Aussehen etwas Unheimliches gab- gesund *war* er jedoch.

Darunter hatten gleich zwei Veterinäre ihre beeindruckenden Stempel gesetzt- auf einem war sogar der berühmte schlangenumwundene Asklepios-Stab zu sehen.
Zweifel waren also nicht möglich. Milo war nach einfach allen Regeln der Kunst gründlich und geduldig untersucht worden. Daran gab es nun einmal nichts zu rütteln.

Der wahre Grund für seinen Fellverlust war seine Traurigkeit. Bei jedem traurigen Gedanken verlor er ein Haar, und an manchen, besonders schlimmen Tagen konnte das am Abend ein ganzes Bündel bedeuten. „Das Glück hält nicht für immer an", dachte sich Milo oft.

Es hatte einmal Zeiten gegeben, in denen kaum ein Kater es mit Milo und dessen glänzendem Fell hatte aufnehmen können. Damals lebte er bei einer Frau, die mit einem Mal nach Indien gezogen war, um sich dort zu finden.
Milo wusste nicht wie das ist- sich zu finden. Bedeutete es, dass man sich zuvor verloren haben musste? Er schleckte sich die Pfötchen und dachte nach. Allerdings nicht gleichzeitig, weil Katzen das, was sie machen, immer hintereinander tun- niemals jedoch gleichzeitig.
Trotzdem kam Milo zu keinem Ergebnis.
Er trottete ein wenig herum, besah sich sein Spiegelbild im Teich und freute sich darüber. Ob sie das damit meint sich zu finden?" Nein, das konnte es nicht sein. Im Haus gab es viele Flächen, in denen man sich spiegelte. Es musste sich also anders verhalten. Warum wusste sie

denn nicht wer und wo sie war? Milo wusste immer ganz genau wo sie sich gerade aufhielt. Wenn sie im Bett lag, kuschelte er sich neben sie und achtete auf ihren ruhigen Atem. Wenn sie im Bad stand und sich die Zähne putzte, drückte er seinen Körper gegen ihre nackten Beine und schnurrte. Wenn sie auf dem Balkon saß und ein Buch las, lag er auf dem Stuhl neben ihr und beobachtete die Vögel im Baum gegenüber. Milo war immer da. Er war auch dabei, als sie ihre Koffer packte. Dreimal versuchte er sich unter den schön geordneten Wäschehaufen zu verstecken, doch er wurde jedes Mal gefunden. Auch am Abreisetag war es nicht anders.

Entschlossen hatten ihn zwei Hände gepackt, unter der Wäsche hervorgezogen und ihn auf den Boden gesetzt.

Dann wurde der Koffer geschlossen und mit einem bunten Kofferband versehen.

Die Hände gehörten Herrn Schoffel, dem Nachbarn. „Hiergeblieben, Streuner!", raunzte er Milo an. Milo war einigermaßen beleidigt. Was fiel Herrn Schoffel ein! Er war kein Streuner! Was er aber war: Er war mächtig durcheinander.

Was passierte hier gerade? „Das Taxi wartet schon!" Herr Schoffel klang nervös.

Milo wurde nochmal hochgenommen, diesmal von der Hausherrin oder von der, die gerade dabei war eben keine Hausherrin mehr zu sein.
„Du passt gut auf Milo auf?" Milo hörte ein zustimmendes Murmeln, spürte noch das letzte Kraulen hinter seinen Ohren, dort wo er es am liebsten hatte, dann wechselte er ungefragt wieder auf den Arm von Herrn Schoffel und wurde zu dessen Wohnung getragen, während sich ein Taxifahrer um Gepäck und alles andere kümmerte. Herr Schoffel rief noch etwas aus dem Fenster, den Rest des Tages kümmerte er sich nicht mehr um Milo. In dieser Wohnung sah alles anders aus, und es roch fremd. Auf dem Dielenboden fand er Katzenfutter vor, rührte es aber nicht an. Er kauerte teilnahmslos auf dem Boden und versuchte zu verstehen was da heute passiert war. Ob es ihm wenigstens gelingen würde wieder in seine alte Wohnung zu gelangen? Selbst wenn jetzt außer ihm dort niemand mehr wohnte, so war es doch schließlich sein früheres Zuhause.

Er wusste wo alles war und wie alles roch. Er vermisste die weichen Kissen und den Sessel, an dem er seine Krallen schärfte. Bei Herrn Schoffel gab es keine solchen Sessel – und selbst wenn, das spürte Milo, wäre es sicherlich nicht gern gesehen. „Das Glück hält nicht für immer an", dachte sich Milo. Als Herr Schoffel die Wohnung gegen Abend verließ, drückte sich Milo in der Nähe der Tür herum und wartete auf seine Chance. Herr Schoffel achtete nicht auf ihn. Er öffnete die Tür zu Milos altem Zuhause, holte die Gießkanne vom Balkon, füllte sie umständlich im Bade-zimmer mit Wasser auf, schlurfte wieder hinaus, um die Pflanzen zu gießen und all das unter Milos wachsamem Blick. Er glaubte sich gänzlich unbeobachtet, doch Herr Schoffel hatte seine Augen überall. Plötzlich griffen also wieder diese dicken Hände nach ihm, nahmen ihn hoch und trugen ihn ungefragt wieder mit zurück in die Nachbarswohnung. Milo war empört aber zu höflich, um Herrn Schoffel zu kratzen. Dieser setzte ihn in der Diele vor den Futterschälchen ab und – zu Milos Empörung stupste er ihn mit der Nase ein wenig hinein. Jetzt stand sein Entschluss felsenfest: Er würde von hier ver-schwinden. Die Nacht verbrachte er seitlich auf dem Dielenboden liegend; das Futter mochte er noch immer nicht anrühren. Morgens klingelte das Telefon. Jemand erzählte Herrn Schoffel, Milo konnte es genau verstehen, dass er gut gelandet sei. Jemand. Milo wusste, wer dieser Jemand war, aber es interessierte ihn nicht mehr. Er wollte fort. In der Küche gurgelte der Kaffee durch Herrn Schoffels Maschine.

Er öffnete die Tür, tappte mit Bademantel das Treppenhaus hinunter um sich die Zeitung zu holen – un-bemerkt von Milo verfolgt, der ihm diesmal in der Planung voraus war. Er musste nur noch hinter der Kellertreppe darauf warten, dass sich die große Haustür öffnete, und dann würden ihn keine dicken Männerhände mehr greifen. Zwischen Milo und der Freiheit gab es nur noch diese Tür- und die würde sich bald öffnen, da viele Menschen in diesem Haus wohnten. Ja, er würde zu einem Streuner werden. Gestern hatte er dieses Wort noch beleidigend ge-funden, doch jetzt sah es anders aus. Das Wort roch nun nach Freiheit, nach Abendwind und nach feinen, selbstgefangenen Mäusen. Schon humpelte die alte Frau Zuckermann mit einem kleinen Müllsack zur Haustür, öffnete umständlich, blieb kurz stehen, weil die Tür schwer und die alte Frau Zuckermann schwach war, und schwupps war Milo durch die Tür hindurch und auf und davon in die Freiheit. Alles roch anders. Besser als bei Herrn Schoffel. Milo war überwältigt von all den Eindrücken. Alles war so neu, so vollkommen ungewohnt. Er war ebenso überwältigt wie die Frau, die ihn verlassen hatte, und die nun staunend durch Indien lief, wo sie sich all den dortigen Ein-drücken ebenfalls nicht entziehen konnte.

Doch das war weit weg, und Milo war mit sich selbst beschäftigt.

Viele Tage war er allein unterwegs, und da es Sommer war gab es nichts, das ihn hätte stören können. An den Tagen versteckte er sich im Schatten der Bäume vor der Mittagssonne, legte sich auf kleine Mauern, um die Abendsonne zu genießen, lauschte dem nächtlichen Geschrei der anderen Streuner und erwies sich als ganz besonders geschickt darin in der Nähe eines kleinen Stadtflusses, der sich gegenüber einer alten Mühle befand, genügend Mäuse zu jagen, um nicht hungern zu müssen. Es war niemals ruhig. Auch nachts waren Geräusche zu vernehmen, und ob es nun gerade Mond, Sonne oder Sterne waren, die da auf ihn herabsahen- Milo fühlte sich immer wohl. Er putzte sich sein Fell ganz besonders sorgfältig, denn da er ja ein Streuner war, so dachte er sich, musste er ja nicht unbedingt wie einer aussehen. Ihm allein wäre das egal gewesen. Aber da gab es etwas. Etwas, für das er gerne ein wenig auf sich achtete. Und das zahlte sich wirklich aus: Einige der Menschen, denen er ab und zu begegnete, näherten sich ihm, lockten ihn mit verstellten, hohen Stimmen an, machten sich ein wenig kleiner, um Milo lange und ganz ausführlich streicheln zu können. Das genoss er sehr, und an manchen Tagen, wenn er so gestreichelt wurde, erwachte eine Sehnsucht in ihm nach der Frau, die ihn verlassen hatte, und die jetzt durch Indien streifte. Vielleicht war dies der Grund warum sich Milo an einem der Herbsttage von einer der Frauen mitnehmen ließ, die ihn da streichelten. Es konnte mit dieser Sehnsucht zusammenhängen, aber natürlich auch mit dem Wetter, welches mit dem zunehmenden, kalten Dauerregen nicht mehr ganz so ein-ladend war. Zwar liebte Milo das Geräusch des Regens, er mochte seinen Geruch und die Wildheit, die in ihm wohnte, doch gleichzeitig dachte er an die weichen Kissen der Frau, die nun in der Ferne schlief. So kam es, dass Milo zu einer anderen

Frau mitgenommen wurde. Auch sie hatte Kissen. Es roch besser bei ihr als bei Herrn Schoffel, und niemand stupste ihn mit der Nase in ein Futterschälchen. Er wurde hingegen täglich gebürstet und lang gestreichelt. Kurz und gut: Hier ließ es sich aushalten.

Sie erzählte ihm sogar, dass sie Monika hieß- und, gerade so als wüsste sie es, nannte sie ihn Milo. Monika fand nämlich, dass er wie ein Milo aussah. „Mein Liebster", nannte sie ihn auch. Das bedeutete Milo nämlich in einer anderen Sprache. Persönlich ging das Milo etwas zu schnell, aber er war ein höflicher Kater. Das M und das o in ihren beiden Namen betonte Monika genau gleich, so wie um eine Gemeinsamkeit zwischen ihnen zu schaffen. Da musste Milo plötzlich an die erste Frau denken. Die Frau, von der er den Namen nicht wusste. War sie deshalb fortgegangen? Weil sie nicht sich, sondern vielmehr ihren Namen suchte? Es war merkwürdig, aber er kannte ihren Namen tatsächlich nicht. Und dabei kannte er all die Namen der früheren Hausbewohner. Bei Herrn Schoffel angefangen bis hin zur alten Frau

Zuckermann. Doch das war nur ein kurzer Gedanke, denn Monika zog bald wieder seine gesamte Aufmerksamkeit auf sich.

Eines Tages jedoch, es hatte bereits geschneit, saß Monika weinend neben ihrem Telefon, und Milo begann zu befürchten, dass der Anruf mit ihm zu tun haben könnte, da sie ständig zu ihm herüber sah. Irgendetwas stimmte nicht. Eine Katze spürt so etwas ganz genau; eine Katze wie Milo erst recht. „Ich darf dich nicht behalten, Milo", schluchzte sie, und ihr Gesicht begann rot auszusehen, die Augen wurden vom Weinen rot, und sie hörte gar nicht mehr auf zu weinen. Milos Fell war an manchen Stellen schon ganz nass. „Das hier war mein Vermieter!" Sie deutete auf den Hörer. Milo fragte sich, ob der Vermieter so eine Art Herr Schoffel war und schmiegte sich besonders fest an Monikas Hand, um sie ein wenig zu trösten. Sich selbst natürlich auch. „Das Glück hält nicht für immer an", dachte sich Milo.

Schon am nächsten Tag brachte die Tränen überströmte Monika Milo in seinem tragbaren Katzenkörbchen zum Tierheim. „Ich suche uns eine andere Wohnung, versprochen!", flüsterte sie ihm noch zu, und Milo blieb nichts anderes übrig als das erst einmal zu glauben. Nur die Hoffnung darauf half ihm durch die Zeit im Tierheim. Es war nicht so, dass man nicht freundlich zu ihm gewesen wäre, und immer noch schmeckte ihm das Essen. Immer noch pflegte er auch sein Fell ganz besonders gut, doch Zeit fand in diesem Heim niemand für ihn. Man bemerkte nicht einmal, dass eine Such-anzeige von ihm am Eingang hing. Von Herrn Schoffel persönlich aufgegeben. Im Tierheim war einfach zu viel los. Monika fehlte ihm, der Sommer in Freiheit ebenfalls, und, ja, selbst die Frau ohne Namen vermisste er. Milo beschloss wieder einmal auszureißen. Er wollte nach-sehen, ob die Frau ohne Namen aus seinem früheren Zuhause mittlerweile aus Indien zurückgekehrt war. Die erste Fütterungszeit in den frühen Morgenstunden eignete sich hierfür besonders gut. Alle waren beschäftigt. Milo blickte nur einmal kurz nach rechts, dann nach links und sauste unbemerkt über das mit einer leichten Schnee-decke bestäubte Feld.

Die Spuren, die er hinterließ, waren bald nicht mehr zu sehen- und selbst wenn... Niemand hätte die Zeit gefunden ihn zu suchen. Seinem inneren Kompass folgend, strebte Milo nun auf sein früheres Zuhause zu. Trotz des leichten Schneegestöbers fiel es ihm nicht schwer die Spur zu verfolgen, die ihn automatisch zu dem Haus führte, vor dessen Eingangstür er sich platzierte, um darauf zu warten, dass ihm die alte Frau Zuckermann öffnen möge. Wenn es schneit, besonders bei dem ersten Schnee vor Weihnachten, erfüllen sich manchmal die kleinen Wünsche, die das Leben ein wenig einfacher machen, und so war es tatsächlich die alte Dame, die mit einem Besen vor das Haus getreten war. Der Briefträger kam- wie verabredet hätte man denken können. Er besprach nämlich etwas mit Frau Zuckermann. Diese lachte und nickte. Er drückte ihr Briefe und ein Päckchen in die freie Hand und ermöglichte Milo so einen enorm günstigen Augenblick, in dem er ganz ungestört ins Haus schleichen konnte. Nur kleine, nasse Pfützchen auf der Treppe hätten ihn verraten können-doch keiner achtete auf so etwas. Das war überall so - warum also auch nicht in Milos altem Haus. Dieser befand sich nun direkt vor der Tür seines alten Zuhauses und schnupperte an der Türmatte. Es roch nicht mehr so wie früher, auch drang kein Laut aus der Wohnung. Milo begann sich das Fell zu putzen. Dann, er war gerade dabei darüber nachzudenken, ob die Frau ohne Namen nun wieder da wäre oder nicht (Milo tendierte zu: „eher nicht"), als ihn unvermittelt zwei dicke Hände packten und hochnahmen. Herr Schoffel! Milo strampelte panisch, entwand sich und flitzte was er konnte die Treppe hinunter. Herr Schoffel folgte ihm und rutschte fast auf den kleinen Wasser-pfützen aus. Unten stand noch immer die alte Frau Zuckermann im Gespräch mit dem Postboten, der es am heutigen Tag, offenbar kein bisschen eilig hatte. Die Tür stand einen Spalt breit offen und schwupps war Milo wieder in der Freiheit und Herr Schoffel außer Atem. Etwas ratlos versteckte sich Milo im Hinterhof der kleinen Bäckerei Nußbaumer, welcher schräg um die Ecke lag. In das alte Haus mit dem trampeligen Herrn Schoffel wollte er unter keinen Umständen mehr zurück. Das Tierheim kam für Milo auch nicht mehr in Frage, und Monika würde unweigerlich Ärger mit dem Vermieter bekommen, wenn er wieder bei ihr aufkreuzte. Am Ende säße dann Monika wohl genauso auf der Straße wie er selbst. Das wollte Milo nicht. Draußen bleiben konnte er aber auch nicht. Im Winter war es einfach zu kalt. Wo also sollte er übernachten? Ratlos gab er sich der Fellpflege hin, als der Bäcker Nußbaumer ihn entdeckte. Milo war instinktiv darauf vorbereitet weggejagt zu werden- das Schicksal vieler Katzen; doch das Gegenteil war der Fall. Der Bäcker beugte sich zu ihm herunter, kraulte ihn hinter den Ohren und machte ihm ein Angebot, welches Milo wahrlich nicht aus-schlagen konnte. Von diesem Dezembertag an war Milo die Bäckerskatze und sorgte dafür, dass sich in der Mehlstube des Bäckers keine der unerwünschten Mäuse aufhielten. Eine bessere Art den Winter zu verbringen konnte sich Milo kaum vorstellen. Vom alten Bäcker Nußbaumer nämlich erhielt er eine ausgesprochen gute

Unterkunft, Verpflegung und genug Streichel-einheiten. Der Bäcker hatte viel feinere Hände als Herr Schoffel. Zudem rochen sie gut. Milo mochte ihn gut leiden. Vergessen war sein früheres Frauchen, vergessen war Monika und das Tierheim. Vergessen war- erst recht- Herr Schoffel. Der Bäcker und er waren ein wirklich gutes Team. Es hätte, wenn es nach Milo gegangen wäre, ewig so weiterlaufen können-doch hatte der Februar etwas auf Lager, mit dem weder er noch der Bäcker Nußbaumer gerechnet hätten: In den allerletzten Zügen liegend (immerhin war es schon fast März), bescherte er der Stadt ein Glatteis wie man es schon lange nicht mehr erlebt und gespürt hatte. Der Bäcker bekam es besonders hart zu spüren. Er glitt nämlich aus und brach sich mindestens 8 Knochen. Entsetzt beobachtete Milo wie er vom Krankenwagen weggebracht wurde. „Das Glück hält nicht für immer an", dachte sich Milo. Ein paar Tage noch wollte er nach dem Rechten sehen, blieb also in der Mehlstube. Er kümmerte sich um die Mäuse und wartete auf die Rückkehr des Bäckers. Aus den Tagen wurden Wochen, doch der Bäcker kam noch immer nicht zurück. Mehlstaub verklebte nun Milos Fell, und etwas Anderes verklebte seine Seele. Etwas Schweres und Schwarzes, zäh und unerfreulich. Milo wurde von Tag zu Tag trauriger. Nicht einmal pflegen wollte er sich noch. Warum nur kam der Bäcker nicht zurück?

Für Milo wurde er nun zunehmend zu einer Erinnerung, und diese Erinnerung führte zu weiteren Erinnerungen, und das führte dazu, dass sich Milo zum ersten Mal so richtig verloren fühlte. Nicht einmal die Mäuse schmeckten ihm mehr. Damals, noch in der Mehlstube, hatte die Krankheit mit seinem Fell begonnen, die ja von den Ärzten nicht als Krankheit gesehen wurde. Dennoch fühlte sich Milo krank. Irgendwann, es mag Ende April gewesen sein, kamen einige ganz fremde Menschen in die Mehlstube und räumten sie aus. Ein Mann griff Milo, der zu verblüfft war um zu strampeln, und ein weiteres Mal landete er im Tierheim. Wieder brachte niemand Milo mit der Suchanzeige von Herrn Schoffel in Verbindung.

Diesmal wurde er von gleich zwei Tierärzten untersucht, die absolut nicht wussten womit sein komisches Aussehen zu erklären gewesen wäre. Körperlich war er gesund- aber nun war es eben so wie ich es vorhin bereits beschrieben hatte: Milo sah aus als hätte ihn jemand gerade mal so schlecht und recht zusammengeflickt. Von seinem einst so schönen Fell war beinahe nichts mehr übrig. Es war nun fast ein Jahr her seit die Frau ohne Namen nach Indien gegangen war, und Milo fragte sich noch immer, ob sie gefunden hatte wonach sie auf der Suche gewesen war. Die Antwort hätte ihn wirklich interessiert. Mittlerweile konnte er sich nämlich auch nicht mehr finden. Meistens lag er nun auf der Seite wie damals auf dem Flur von Herrn Schoffel, das Fressen schmeckte ihm nicht, und keiner der Leute, die ab und zu vorbeikamen, um sich ein Tier mit nachhause zu nehmen, wollte ihn haben. Wer hatte schon Interesse an einem dermaßen traurigen Kater. Einer der Tierärzte schlug nach einer Weile vor Milo einzuschläfern. Dieser döste derweil lustlos vor sich hin- als er mit einem Mal sanft hoch-

genommen wurde. Unerwarteter Besuch war – in der Person von Monika- ins Tierheim gekommen. „Milo! Was ist mit Dir passiert?"
Sie seufzte: „Ich nehme ihn mit, heute noch!" Ihre Stimme klang sehr entschlossen. Und so trug sie den leicht und klein gewordenen Milo davon- in eine neue Wohnung. Da er jetzt hier war, ging er davon aus, dass Monika und er nun einen viel netteren Vermieter hatten. „Das Glück hält nicht für immer an", dachte sich Milo. „Doch das Unglück auch nicht!" Etwas sagte ihm, dass er nun für eine lange Zeit glücklich sein würde. Er fraß eine Kleinigkeit, dann begann er sich, nach langer Zeit wieder zu putzen. In dieser Nacht schlief Milo besonders gut.

Als er aufwachte, setzte er sich vor Monikas Bett und wartete darauf, dass sie endlich aufwachen würde. Er wollte mit ihr gemeinsam die neue Wohnung erkunden. Doch Monika schlief noch immer. Milo war schon ganz aufgeregt. Ein neuer Tag lag vor ihnen, und Monika schlief noch immer. Da ihm das Ganze ein klein wenig zu lange dauerte, half er nach. „Miau"!

Giacomo

Giacomo war ein zahmer kleiner Papagei mit gelbem Köpfchen und grünen Flügeln, nicht viel größer als ein Wellensittich. Dem Menschen, dem er zugeflogen war, wich er nicht mehr von der Seite. Und das, obwohl Giacomo davor nicht gerade gute Erfahrungen mit Menschen und ihrer Gier gemacht hatte. Ganz im Gegenteil. Vogelfänger sind in der Regel nämlich nicht gerade zimperlich. Viele der Vögel, die gemeinsam mit ihm von den Fängern gefangen worden waren, hatten ihre Gefangenschaft und die lange, beschwerliche Reise nicht überlebt. Die Reise selbst ging direkt vom Amazonas aus. Man querte dabei den brasilianischen Regenwald, von dort an die Küste, an eine Hafenstadt namens San Salvador da Bahia und schipperte quer über den riesigen Atlantischen Ozean, über die kühle Nordsee bis hin zu der großen Stadt

Hamburg. Von dort ging es noch weiter. Ein Teil der Vögel wurden in den Süden des Landes gebracht, andere in das Nachbarland Holland.

Es war eine anstrengende und zermürbende Reise. Giacomo selbst wusste nicht wie ihm das gelungen war. Manchmal im Leben liegt das nicht in der eigenen Hand- oder, in Giacomos Fall, in der eigenen Kralle. Was er jedoch sofort auf die Kette bekam, war die gewagte Flucht in genau dem Moment, in dem er dem Vogel-händler am Zielort zur Weiterverwendung übergeben werden sollte. Er zeigte alles was er so draufhatte, und schneller als der Händler ihm noch nachblicken konnte war Giacomo auch schon auf und davon. Er erinnerte sich an eine hohe Baumkrone, in der er Schutz gesucht hatte, an Kinder, die ihn wegen seines bunten Federkleides entdeckt und nach ihm gerufen hatten. Sie wollten ihm bestimmt nichts tun, doch Giacomo waren diese Kinder zu laut. Er wartete ab, und beobachtete die Spaziergänger, die an dem Baum, der sich in einem Park befand, vorbeiliefen. Nur einer, der lief nicht. Es war ein alter Mann, der in einem rollenden Stuhl saß, und, was Giacomo noch viel interessanter fand, der angenehm ruhig war. Sofort setzte er zu einem eleganten Sturzflug an und landete auf der Schulter des Mannes, der darüber verblüffend wenig überrascht war. Dieser Mann war vor vielen Jahren bei dem Versuch auf einem Lastschiff kostengünstig nach Brasilien zu kommen, während eines Sturms so unglücklich gestürzt, dass er seither im Rollstuhl saß. Er konnte immerhin noch von Glück sagen mit dem Leben davongekommen zu sein. Und das war er. Aus seiner Reise an den Amazonas ist nie etwas geworden, und das, obgleich er das Gefühl hatte dort unbedingt hin zu müssen, weil dort etwas oder jemand auf ihn wartete. Dieses Gefühl war immer bei ihm geblieben, auch dann noch, als er alt wurde und es sich, wie er fand, in seinem Alter ohnehin nicht geschickt hätte noch solch ausgedehnte Reisen nach Übersee zu unternehmen. Wer würde denn jetzt noch ernsthaft auf ihn warten? Auch ohne diese Reise und auch ohne seine Beine, die ihn trugen, war er doch gut durch das Leben gekommen. Er fand, dass das Leben ihm, auf überraschende kleine Arten, immer einmal wieder schöne, kleine Geschenke zugespielt hatte. Und nun war es wieder soweit: Nun landete dieser kleine, fedrige, ehemalige Bewohner des Amazonas, mitten in Hamburg ausgerechnet auf *seiner* Schulter. Nicht auf der Schulter eines der vielen lebhaften Kinder, auch nicht auf der Schulter der hübschen, jungen Frau. Nein. Der bunte Giacomo hatte sich für ihn, ausgerechnet für ihn, den Alten im Rollstuhl entschieden. Vermutlich sollte er jetzt verblüfft sein- doch er war es nicht. Die Kinder und auch die junge, hübsche Frau beobachteten das Geschehen genau. Der alte Mann blinzelte nur ein wenig gegen die Sonne. Sonst tat er nichts. Als sich schließlich Giacomos kleine Krallen schließlich ganz vorsichtig an seinen Nacken schmiegten, zuckte er nur die Achseln als gäbe es durchaus nichts Normaleres als eben dies. Wer weiß? Vielleicht hatte etwas in ihm schon mit Giacomo gerechnet? Verwunderlich wäre es nicht, wenn man bedenkt, dass die beiden von da an unzertrennlich waren. So als wären sie- wer könnte das ernsthaft bestreiten- längst schon füreinander bestimmt.

Dr. Claudia J. Schulze ist Autorin und Bibliotherapeutin. Studium der Psychologie, Philosophie Pädagogik. Journalismus und Literaturwissenschaften.
Sie arbeitet in eigener Praxis psychotherapeutisch mit Kindern, Jugendlichen und Erwachsenen, und entwickelt interdisziplinäre therapeutische Materialien. Zudem ist sie Trauerbegleiterin für Einzelpersonen und für Familien. Bereits in ihrer Diplomarbeit, später dann auch während ihrer Promotion, befasste sie sich mit der Frage, inwiefern Literatur sich auf therapeutische Prozesse positiv auswirkt. Kontakt: CJ.Schulze@gmx.de Praxis Dr. Claudia J. Schulze, Grünberger Str. 8, 78052 VS-Villingen
Ein Großteil des Gewinns aus den Büchern kommt Einrichtungen wie Palliativ- und Rehabilitationseinrichtungen für Kinder und einem Kinderhospiz zugute.

Anke Hartmann (Illustrationen) ist Künstlerin, Illustratorin, Kinderbuchautorin und Geschäftsführerin einer Leipziger Grafik-Werkstatt und des Raumkind-Verlages. Ihre ausdrucksstarken und liebevoll gestalteten Bilder erfreuen sich großer Beliebtheit. Anke Hartmann ist Autorin des Buches: „Die letzte Reise" (Raumkind Verlag). Kleine Träumereien am Lindenauer Markt, Leipzig.

UNTERSTÜTZT VON DER BÄRBEL SCHULZE STIFTUNG FÜR THERAPEUTISCHES LESEN UND SCHREIBEN.
Von Dr. Claudia J. Schulze ebenfalls erschienen:

Nachtflüge, Geschichten zwischen den Welten (Band1 der Lukas-Reihe)

Rabenfedern bringen Glück (Band 2 der Lukas-Reihe)

Nebelträume (Band 3 der Lukas-Reihe)

Korax und das Geheimnis der Kürbisse (Band 4 der Lukas-Reihe)

Lukas und die Geschichte der Schatten (SONDEREDITION)

Direkt bei BOD oder in jeder anderen Buchhandlung zu bestellen.

Link zum kostenlosen Bonus-Hörbuch:
https://tinyurl.com/t9ysxor
Weitere Links zu einzelnen Geschichten, gesprochen von
Werner Wilkening
https://tinyurl.com/yx45f6cb

Alle in diesem Buch verwendeten Bilder können bei Anke Hartmann persönlich in Leipzig als Poster, Postkarte, bemalte Schächtelchen, Buttons, bedruckte Kissen etc. bestellt werden.

Glückskästchen Hinweis: In der therapeutischen Arbeit kann auch mit „Postern", mit „Glücksbuttons" oder „Glücksschächtelchen" gearbeitet werden. Diese können zu äußeren – und inneren Begleiter der Kinder werden. Postkarten oder Poster sind auch möglich.